相談する力

一人の限界を超えるビジネススキル

GO BEYOND
PERSONAL LIMITS
THROUGH CONSULTATION

山中哲男
TETSUO YAMANAKA

海士の風

はじめに——なぜ相談が、一人の限界を超える最強スキルなのか？

「最強のビジネススキルとは？」

もしあなたがこう問われたとしたら、何と答えますか。

ロジカルシンキング、意思決定術、プレゼン、デザイン思考、リーダーシップ、マネジメント……書店に行けば、たくさんのキーワードを冠した書籍が所狭しと並んでいます。

ビジネスを推進するうえで、「アイデアを出す」「論理的に考える」「人前でしっかり話す」「人を率いる」といったことは確かにどれも重要です。不確実性が高まる時代を生き抜くためにも、個人の能力を高めてくれるスキルの重要性は、今後も高まっていくはずです。

ですが、それでも私は、そのどれとも違うものに最強の名を授けたいと思っています。

それは、「相談」です。

相談こそが、最強のビジネススキルなのです。

未経験にもかかわらず10を超える業界で成果を出せるのはなぜか

「相談なんて、誰でも簡単にできるのでは？」
「私は相談を活用できているので必要ない」
「そもそも、相談はスキルじゃないでしょ」

相談がスキルと聞いても、このように思われるかもしれません。確かに相談は「報連相」の1つでビジネスパーソンの基本と言われています。

しかし本当に、相談とは「できて当たり前」のものなのでしょうか。私は相談とは、実践を通して修得するスキルであり、そのための方法論が存在すると考えています。

・新しい事業を始めるとき。
・やりたいことを実現しようとするとき。
・与えられた課題を高いレベルで解決するとき。

こうしたタイミングで、相談はものすごい力を発揮します。

なぜそこまで言い切れるのか。

それは、私自身が20年以上にわたって「相談する力」に助けられ、「相談する力」によって前例のない挑戦をし続けているからです。

20歳前後の私は、人生のどん底にいました。

兵庫県の田舎育ちで学歴もキャリアもない。大学に進学することができずに18歳で社会に出て、希望の職種への転職も叶わなかった私には、もう起業しか人生を打開する方法はない、そんなふうに思い詰めていました。

にもかかわらず、その思考はあまりにもレベルが低かった。とにかく起業をしたい、飲食店の経営ならできるんじゃないかなどと、一人でああでもないこうでもないと考え続けているだけだったのです。

そんなとき、もともと焼き鳥居酒屋だった居抜き物件に出会います。これならコストもかからないし、素人の私でもできるんじゃないか。そんな軽い考えから、誰にも相談せずにプランを練りました。

転機は、これまた軽い考えから居酒屋経営に必要なお金を借りられないかを友人の親御さんに相談したことでした。

「コンセプトは何？」

「顧客ターゲットは？」

と親身になって聞いてくれたのです。恥ずかしながら、その質問をもらって初めて、どんなお店をつくるのかを真剣に考え始めたのでした。同時に、一人で考えるのではなく、相談して誰かと考えることで、視界が開けることも強く実感。この相談は、私の人生を変える出来事でした。

その後、周囲の友人から始め、徐々に範囲を広げて次々と相談を繰り返し、居酒屋は予約がとれない人気店に。そして、本書でこれから述べていくような相談のノウハウを蓄積し、実践することで起業当時は想像もできなかったような多くの機会に恵まれました。

・丸亀製麺の海外進出をサポートし、ハワイのワイキキ店は同社の全店舗で売上世界1位に。その後飲食業界では、GARBを運営するバルニバービ、鳥森百薬を展開するミナデインの社外取締役を務める。
・吉本興業の地方創生に関わるアドバイザーを務め、現在は前会長・大﨑洋《おおさきひろし》さんから相談相手の指名を受ける。
・経済産業省のスタートアップ育成、国土交通省の公的不動産の活用など、官公庁からの相談も多数舞い込む。

ここに記載しているのは、ほんの一例です。宿泊、飲食、医療、不動産、宇宙、ヘルスケア、物流、人材、教育、エネルギー、メディア業界と多岐にわたる分野で挑戦をし続け、書ききれないほどの素晴らしい体験をさせていただいています。自分自身の事業やプロジェクトはもちろん、相談された仕事も含めて、そのすべてが相談を活用することで道が開けてきました。

相談によって、次に何をすべきか、つまりネクストアクションが次々と見えるようになり、結果、実現したらうれしい未来をともに形にしていくことができたのです。

「自力」にこだわって行き詰まっているすべての人へ

相談は、業界や職種を問わず、やりたいこと、実現したいことに近づくネクストアクションを見つけることができます。特に自分に知識や経験がない新しいことにチャレンジするとき、これほど頼りになるスキルはありません。

ですが、それでも相談についてこんなふうに思われるかもしれません。

「一人でやったほうが早い」
「相談は相手の時間を奪ってしまうので申し訳ない」
「人付き合いが苦手だから相談できない」

実は、これこそが今回私が相談する力を世の中に訴えたいと思った理由でもあります。

「一人で考えて行動する」から「みんなで考えて行動する」へ。

これが本書で私が伝えたいことです。

新しいことにチャレンジするとき、自分一人で考えて行動しても、次の選択肢を見出せなくなったり、考えても立ち止まったりしてしまいます。先ほどご紹介した通り、私も最初はそうでした。ですが、「自力」にこだわってしまうと、そこから先に進めなくなります。

そういうときこそ、相談をうまく使いながら、自分だけではなくて周りの人たちの視点や経験に基づく情報をいただいて、一緒に考えてもらうことで、ネクストアクションへとつながっていくのです。そこで相談相手が共感してくれたら、応援者になってくれる可能性もありますし、誰かを紹介してくれて、そこから次の行動が生まれるかもしれません。

一人で全部やらなきゃという状態から、もう少し広い輪の中で物事を考え、選択肢を見出し、行動できるようになると、ビジネスは劇的に前進していきます。

だからこそ、「相談」という最強のスキルを身につけるべきなのです。

シンプルなスキルに隠された絶大な力

では、どうすればビジネススキルとしての相談する力を身につけられるのか。難しいことはありません。1つひとつはとてもシンプルなものばかり。ただ、これまで誰も教えてくれなかっただけなのです。もちろん、今から身につけても遅くはありません。

日々の仕事の中にシンプルな相談のノウハウ・習慣を取り入れるだけで、次々とネクストアクションが見つかり、やりたかったことが実現していく。しかも、応援してくれる仲間まで見つかります。

本書では、そんな相談というスキルを、次の5つに整理しています。

・なぜ相談するのか（Why／1章）
・いつ相談するのか（When／2章）
・だれに相談するのか（Who／3章）
・何を相談し、どう伝えるのか（What／4章）
・どう聞いて、行動に活かしていくのか（How／5章）

この5つを縦軸に、見立て・仮説・計画という3段階を横軸に、ノウハウや考え方を展開していきます（3段階については序章で解説します）。これまで「相談」と雑に語られてきたものを、細かくわかりやすく方法論に落とし込んでいきます。

事業が始まる前の「計画」段階までを順序立ててお話ししますので、やりたいことや事業をこれから始める方にとって、きっとお役に立ちます。さらには、計画段階を終えて事業を始めている方も、事業を進める過程でさまざまな課題に直面した際に、ぜひ本書を参考にしていただけたらと思います。

読み終える頃には、なぜ相談がスキルとして優れているのか、みなさんにも実感してもらえているはずです。そして、何か1つでも実践していただけるとうれしいです。

自らに眠る可能性を最大限に引き出すために

本当に相談なんて誰でもできそうなことで成果が上がるのか。

まだまだ疑問は尽きないと思います。20代前半の頃にそんなことを言われたら、私だって信じることができなかったでしょう。

ですが、相談を駆使することで、最初の飲食店の立ち上げから丸亀製麺ハワイ・ワイキキ店の海外進出支援、吉本興業のアドバイザー、さらには宿泊や医療など多岐にわたる分野での数々のチャレンジと、想像を超える世界へと活躍の幅を広げられたのは、まぎれもない事実です。私に眠っていた可能性を花開かせてくれたもの、それが相談というスキルなのです。

相談を極める道のりは、「自らの可能性を最大限に引き出すための旅」でもあります。

ぜひ、あなたもこの旅を通して、可能性あふれる人生をつかみとってください。

それでは、はじめましょう！

序章

なぜ相談によってやりたいことが実現するのか

事業やアイデアを前進させるための3つの段階

相談とは、自分一人の限界を突破し、仲間の力を借りてやりたいことを実現するビジネススキルです。新しいことにチャレンジしたり、やりたいことに取り組んだりする過程で、うまくいかずに立ち止まってしまった人にとって、少しでも物事を前へ進めて現状を打破する力となります。

このようにお話しすると、すぐに相談というスキルについて知りたいと思われるかもしれません。**ですが、相談はあくまで手段。目的は物事を前へ進めることです。まずは、そもそも「物事が前へ進む」とはどういうことなのか、きちんと把握しておく必要があります。**

物事が前へ進んでいるときは、次に取るべき行動、つまりネクストアクションが見えています。裏を返すと、物事が前へ進まないときは、ネクストアクションが見えずに立ち止まっている状態。だから相談が必要になるわけですが、ネクストアクションが見えていないときは、えてして自分の「現在地」、すなわち今どんなところで立ち止まっているのかも見えていません。

一方、相談相手からすると、今相手がどこでどう行き詰まっているのかわからなければば、的確なアドバイスはできません。だから、相談する際は自分の「現在地」を把握しておくことが欠かせません。さらに言えば、その「現在地」によって、相談相手の選び方からタイミング、方法論まで、細かく変わってくるのです。

そこでこの序章では、自分一人で考えて行き詰まっていた私が、相談によって少しずつ歩みを進めたエピソードをもとに、物事が進んでいくときにたどる**「見立て」「仮説」「計画」という3つの段階**を解説します。

遠回りに見えるかもしれませんが、自分の現在地を知るモノサシになるこの3つの段階は、相談というスキルのポテンシャルを最大限活かすためには外せないポイント。ぜひ一読のうえ、「やりたいこと」に対して自分が今どの位置にいるのか、見つめてみてください。

［図1］物事を前へ進めるためのプロセス

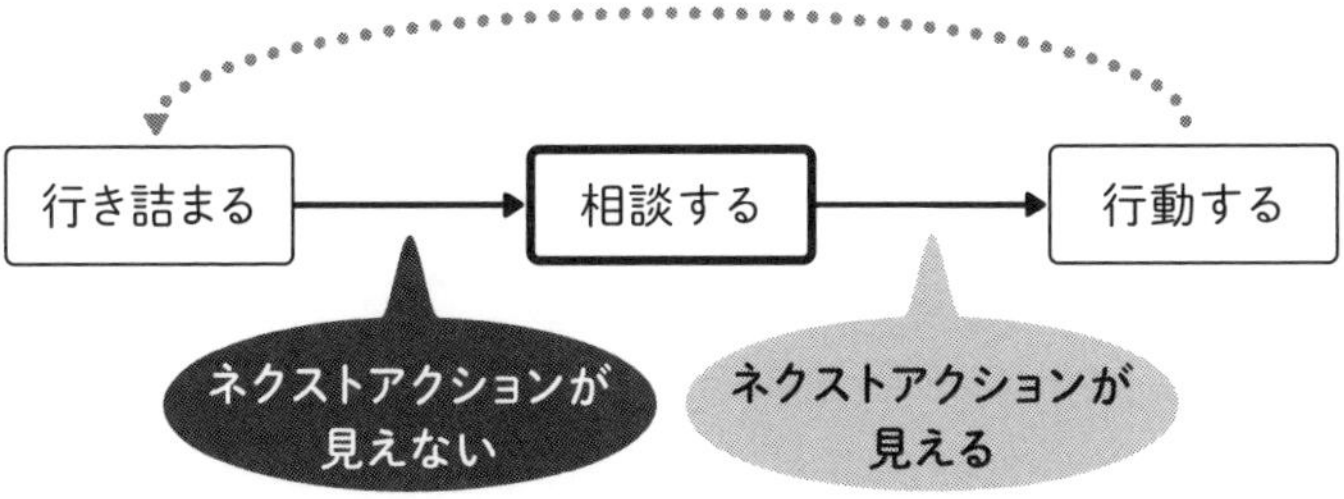

「見立て」とはどのような段階か

「〇〇をやってみたい」
「こんな事業ができたらみんな喜ぶんじゃないか」
「とにかく、新しいことにチャレンジしよう」

何か物事を始めようというとき、自分一人の思いつき、またはアイデアからスタートすることが多いと思います。「はじめに」でも触れた通り、私自身、「とにかく起業しよう」と一人で考え続けていました。当時の私の考えはこうでした。

「飲食店なら何となくできそう。全国展開しているようなチェーン店は難しそうだけど、地元密着型の居酒屋経営なら素人の自分でもできるんじゃないか」
「新しく店を出すのではなく、居抜きでやれば、カネもコネもない自分でも始められるんじゃないか」

こんな曖昧な見立てで、いきなり実行しようとしていたわけですから、ひどいものですよね。そう、当時の私はこの程度の思いつきやアイデアで、元焼き鳥店の店舗に居抜きで入って店を始めようとしていたのです。

特にまずかったのは、

「全国展開しているようなチェーン店の経営は難しい」

「居抜きで店を出すのはハードルが低い」

といった思い込みを、一度も「検証」していないことです。本当にチェーン店の経営は難しいのか、居抜きは出店するハードルが低いのかについて、自分一人だけで考えて、決めつけてしまっていました。

まさにこの状態が、「見立て」の段階と言えます。

［図2］行き詰まっているときに「現在地」を把握する：見立て

見立てとは、未検証のアイデアや思いつきのことを指し、見立ての段階とは、「自分一人だけで考えている状態」を指します。たとえば、「こうすれば喜ぶ人がいるはずだ！」という強い思いも、検証せずに実行してもうまくいくはずがありませんし、実際のところ一人で考えているだけではネクストアクションは見えてきません。

一人で考えることの限界に気づかせてくれた「相談」の力

「コンセプトは何？　顧客は誰？」

これは、居酒屋経営を思いつき、資金援助を求めて初めて相談した友人の親御さんから問いかけられたことです。

今思えば、とても運がよかったと言えます。当時の私を客観的に見てみると、無謀な思いつきを「計画」と称してお金を借りにきた20歳そこそこの若者。追い返されてもおかしくないところ、真剣に問いかけてくれたわけです。

この問いかけによって、私は初めて「どんなお店をつくろうか」と真剣に考えるようになりました。

そして、問いかけに答えられなかった経験から、**「目的」と「顧客」についてきちんと言語化していないから何をするのかが決まらないのだ**と気づきました。

何のために自分は店をやりたいのか。なぜ、居酒屋がいいと思ったのか。どんな人に来てもらいたいのか。

考えていった先に改めて気づいた原体験としては、自分自身がいろいろな飲食店に行ったときに席が狭い店が苦手だったということでした。席が狭いと、隣に座る他のお客さんとの距離が近く、さらに仕切りがないと隣の席のお客さんの荷物がこちらにくることもあるなど、自分たちの会話に集中できないのが嫌でした。

このような原体験から、「ゆったりして静かな空間でじっくり話せる居酒屋をつくる」という「目的」を設定しました。

すると自ずと「顧客」も見えてきます。「ガチャガチャした空間で飲むのが疲れる人」「落ち着いた空間で会話を楽しみながら飲食をしたい人」と言えそうです。

こうして私はたった一度の相談によって、「目的」と「顧客」という事業を進めるうえでは欠かせない要素の見立てを持つことができたのです。

「見立て」は相談で「仮説」へと進化する

その後、見立てた「顧客」が本当にいるのかを検証するために友人に相談していったところ、「わかる！」と共感してくれる人がたくさんいました。

「ガチャガチャ系の居酒屋に行った後はめっちゃしんどくなる」

「みんなでワイワイする居酒屋はあるけど、2、3人でじっくり会話できる居酒屋はないよね」

そんな声が多かったのです。仕事の話をしたい人、デートで使いたい人、大切な友人同士でしんみり話をしたいと思っている人。当初は自分一人の原体験からの思いつきだった顧客像が、検証することでニーズがあると見えてきました。当時は無意識ではありましたが、相談によってアイデアが検証され、やがてそれは「仮説」へと進化していったのです。

仮説の段階とは、事業やアイデアを実現していくうえで欠かせない5つの要素について、一度でも検証を行って一次情報を得ている状態を指します。

5つの要素とは、先ほど登場した「目的」「顧客」に、「商品・サービス設計」「マーケティング」「制約」を加えた5つを指します（後ほど詳しく解説します）。

つまり、**「仮説」とは、5つの要素それぞれを一度でも相談・検証したものです。**

簡単に言えば、「こういうことをやってみたいけど、やってみたらこうだった」と言えるようにする、ということです。逆に、こうしたことが1つも言えないのが「見立て」の段階。頭で妄想しているだけで5つの要素を一度も検証していないので、リアリティも説得力もないですし、自分一人の思い込みでしかないので精度が低くて形になりにくいのです。

相談によってネクストアクションが見えて、「見立て」や「仮説」の検証を繰り返すことで、「やってみたら◎◎だった」という一次情報、すなわち事実をアイデアに乗せていけるようになり、徐々に仮説の精度が上がってきます。

［図3］行き詰まっているときに「現在地」を把握する：仮説

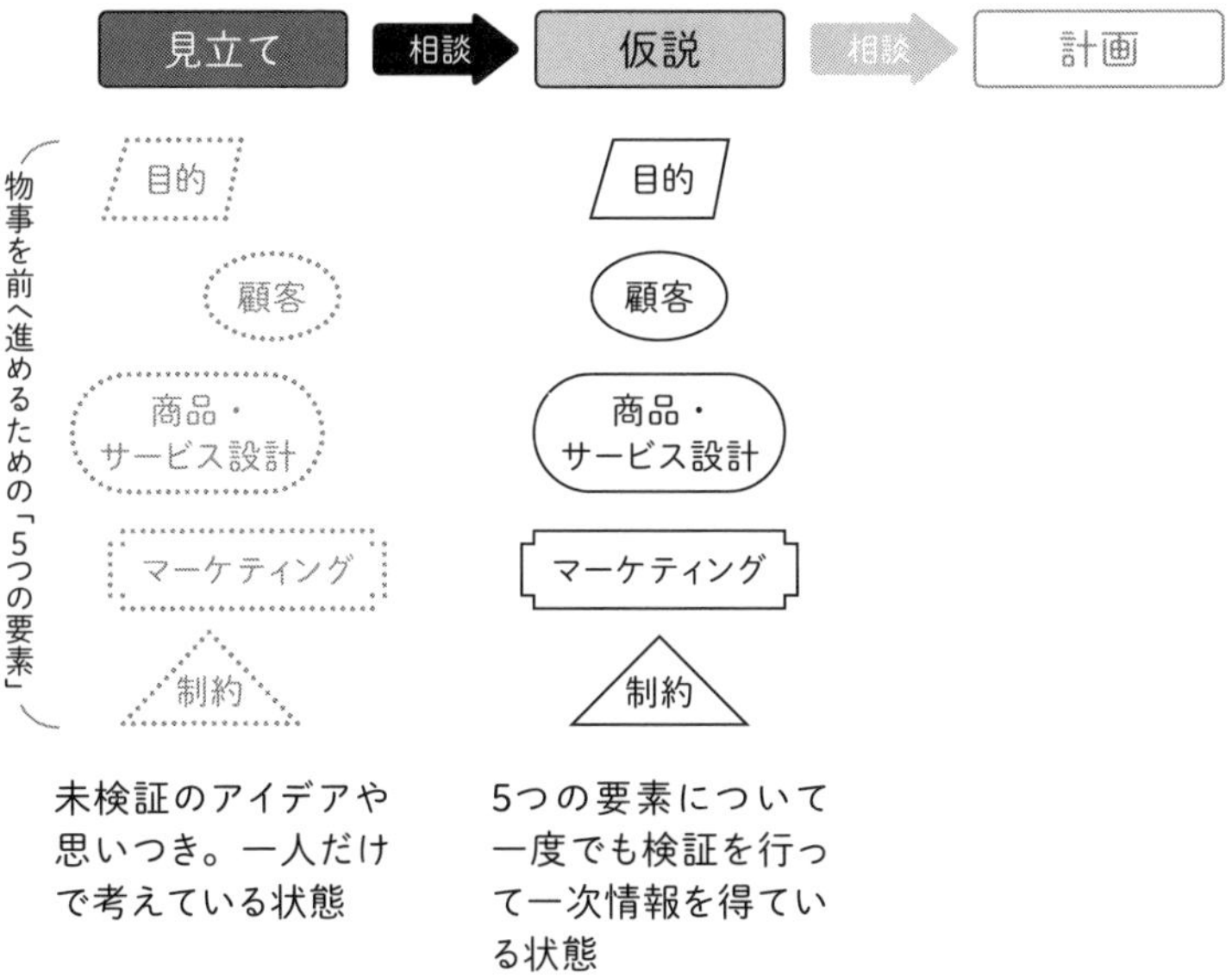

何かにチャレンジしようというときには、いろいろなアイデア、すなわち見立てが浮かぶと思います。それら1つひとつに対して、相談と検証という行動を繰り返すことにより、見立てが仮説に進化し、さらに検証を繰り返すことで仮説の精度が上がり、物事が前進していくのです。

物事を前へ進めるための「5つの要素」

自分一人の頭の中にだけある見立てを、相談・検証によって仮説へと進化させていく。言葉で言うのは簡単ですが、そもそも何を見立てればいいかわからない、という方も多いと思います。特に思いつきやアイデアしかない初期段階にいる方からは、「相談に行くための材料すらないので、相談できません」という相談を受けることもあります。

このときに役立つのが、先ほど頭出しをした**「5つの要素」**、**つまり、「目的」「顧客」「商品・サービス設計」「マーケティング」「制約」です。**このどれか1つでも見立てを持つことができれば、相談のサイクルに入っていくことができます。

さらにこの5つの要素は、事業を前へ進めるためのポイントでもあります。

何のためにやるのか。
誰のためにやるのか。
どんな商品・サービスをつくるのか。
顧客との関係をどうつくるのか。
実現するうえでどんな制約があるのか。

5つの要素について、自分なりの見立てを立て、相談・検証により仮説へと進化させ、磨き続けることで、事業の実現可能性が高まっていきます。

もちろん、ここに挙げた5つ以外にも必要な要素はあると思います。本書では、「相談によって物事を前に進める」うえでの重要項目として、「目的」「顧客」「商品・サービス設計」「マーケティング」「制約」に焦点を当てています。

相談・検証のサイクルで「5つの要素」の精度を高めていく

落ち着いて話したい人のために、ゆったりした空間でじっくり話せる居酒屋をつくる。

目的と顧客がはっきりしてきたところで、1つの壁に当たります。

それは、「居抜き」という「制約」でした。

ゆったりした空間をつくりたい、という目的がありながら、内装設計でゼロから空間をつくれないという制約が立ちはだかったのです。**考えてみれば当たり前のことですが、一人で考えていただけの頃はこの制約に気づいていなかったのですから、いかに人に相談せずに実行するのが危険かを思い知らされます。**

目的にだけ従うなら、「広い完全個室」一択だったでしょう。しかし、居抜き物件はカウンターとテーブル席からなる元焼き鳥居酒屋。

カウンター席で、隣の人が気にならずにゆっくりできるようにするには、どうしたらいいのか。仕切りをつくる選択肢もありましたがお金がかかるのでなるべく避けたい。

この制約に対して、私はさまざまな見立てをしては相談し、相談から生まれた仮説を検証する、ということを繰り返しました。仕切りを安くつくるにはどうしたらいいか？　席数を減らすとどうか？

相談相手は、飲食店経営者や内装工事業者の人。実際に検証した仮説を持って相談に行くと、みなさん真剣に考えてくれて、自分が「これがいいかも」と相談前に思い込んでいたこと以外のアイデアをたくさんいただくことができました。

結果、採用したのは「仕切りをつくらない」でした。どうしたかというと、席の間隔を広めにとり、間接照明で席にだけ光を当てたのです。実際に検証してみると、隣が暗くて気にならなかったのが決め手でした。

さらに「商品・サービス設計」「マーケティング」も同じように見立てから相談を活用し、検証を通じて仮説の精度を高めるサイクルを繰り返しました。

商品のメニュー開発は実際のお客さんに直接検証したかったので、定番メニューだけ用意。プレオープン時に来店してくれた顧客から「何を食べたいか？」「何を飲みたいか？」を聞いて黒板に書き、他の顧客も「ほしい！」となったら正の字を入れて、5人集まったらメニュー化、という形でお客さんに相談しながらメニューを検証しました。

副次的な効果として、顧客は自分のアイデアがメニュー化されることがうれしくて、「また来るよ」と言って次の来店予約をしてくれるなど、リピート客（ファン顧客）を獲得することにつながりました。

このお店周辺に住む兵庫県加古川市の人は「新しい店には必ず一度は行く」という見立てがあったので、初来店からどうリピートにつなげるかを考えていた私にとってはうれしい結果になりました。こうして、商品・サービス設計とマーケティングを同時に実現したのでした。

「計画」段階の落とし穴

5つの要素それぞれの仮説が磨かれてくると、いよいよ事業を実現するタイミングがやってきます。そう、これが「計画」の段階です。ここで気をつけなければならないのが、「ただ5つの要素を個別に磨くだけではうまくいかない」という点です。

5つの要素が磨かれてくると、いわゆる「事業計画書」の重要項目は埋まります。一見すると、検証済みのアイデアが盛り込まれた計画書は非常に魅力的であることが多い。

しかし、私が言う**「計画」の段階とは、5つの要素が一貫性をもって説明できる状態のことです。**

先ほど、ゆったりした空間でじっくり話せるお店をつくるという目的がありながら、居抜きという制約があるため、カウンターとテーブル席しかないことに気づいていなかったという話をしましたが、いくら5つの要素それぞれが個別に磨かれていても、全体として一貫性のある状態になっていなければ、計画段階に至ったとは言えません。

少し別の事例で説明してみましょう。

「おじいちゃん、おばあちゃんをおしゃれにして、元気になってほしい」

知り合いが、こんな目的を掲げて美容室を起業したことがありました。見た目から元気になることで、元気なお年寄りが町に増えてほしい。とても共感して応援していました。

ところが、オープンしてわずか数か月で「あれ？」という光景が。店を覗くと、若いお客さんであふれていたのです。聞けば、「人から勧められるままホットペッパーで宣伝しました」とのこと。若者が見る宣伝媒体に露出していたことがわかりました。結果として、ガラス張りの店内から見える顧客に若者が多くなり、オープン

［図4］行き詰まっているときに「現在地」を把握する：計画

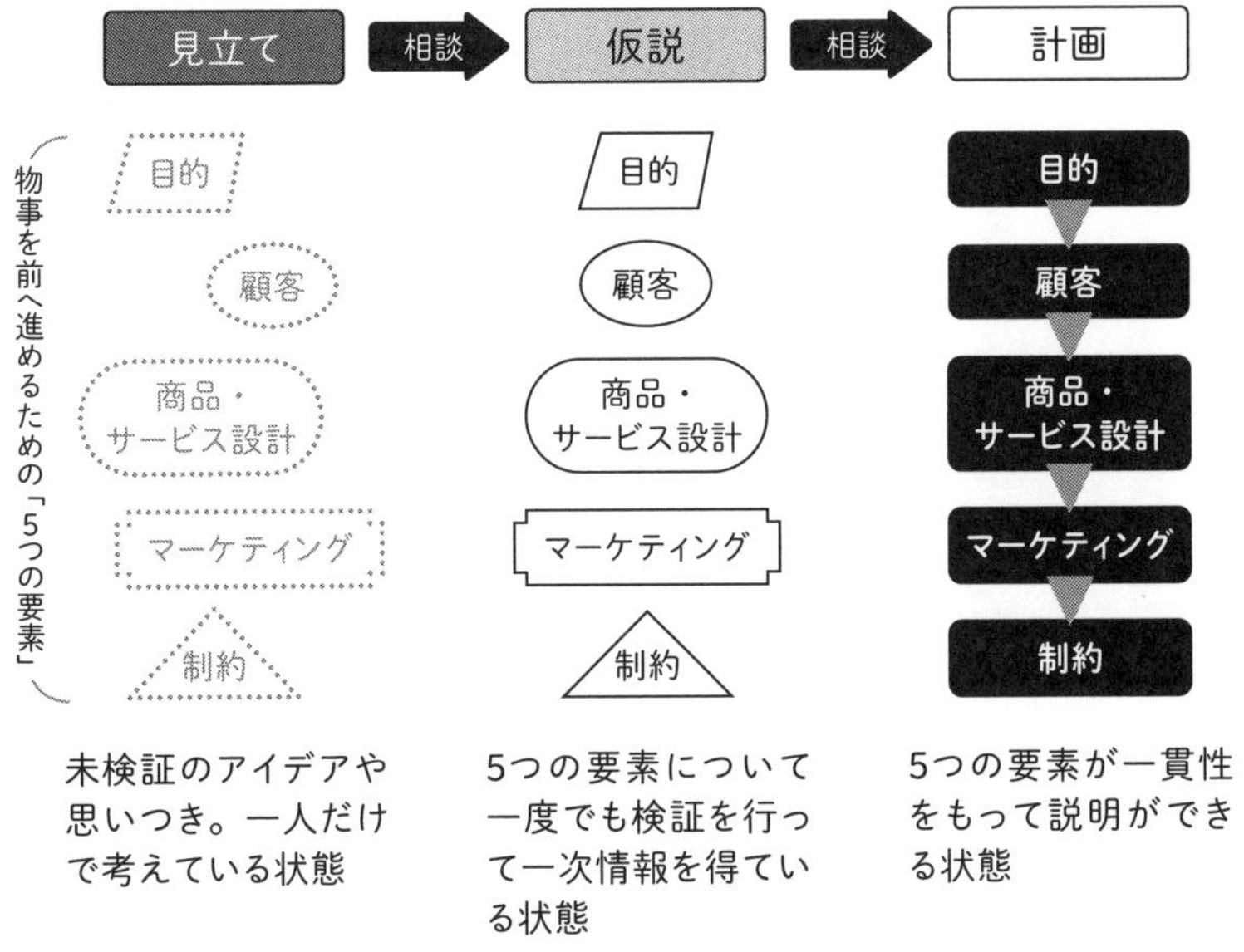

当初に来ていたおじいちゃん、おばあちゃんが入りづらい状況に。そして、当初想定していたお客さんが離れてしまったということでした。

「目的」と一貫しないマーケットリサーチやPRなどの「マーケティング」施策を実施したことで目的が実現できないケースは少なくありません。**5つの要素それぞれで積み上げた「仮説」は正しかったかもしれませんが、それらが一貫していないと、やりたいことを実現する「計画」の段階にあるとは言えないのです。**

文章で見ると一貫性がないのは一目瞭然ですが、当事者は目の前のことに必死でなかなか気づきません。私自身も一人で考えていたら、居酒屋経営はできなかったと思います。ですが、今から思うと何もない状態だったということ自体、運がよかった。居酒屋経営の知識も経験もスキルもなかったので、相談するしか方法がなかったのですから。最終的には5つの要素に一貫性をもたせることで、自分が求めていたお店を開くことができました。

私の人生を変える起点となった飲食店開業について、5つの要素を用いて説明すると、このようになります。

ゆったりして静かな空間でじっくり話せる居酒屋をつくるという「目的」の店舗だからこそ、仕事の話をしたい、デートで使いたい、大切な友達としんみり話をしたいと思っている人が「顧客」になる。そんな「顧客」が喜んでくれるような内装は、お金がないという「制約」を間接照明等の工夫で克服。黒板を店に置くことで、ニーズを顧客から引き出して商品化しながら顧客と関係性を築く、という「マーケティング」と「商品・サービス設計」を同時に行う施策でリピーターを獲得。こうして事業を回していくのが、私の「計画」です。

さらに言えば、計画は「立てて終わり」ではありません。計画の次は実行の段階へと移っていきますが、やってみると計画段階では見えていなかった新たな課題が見えてきます。この課題に対応するうえでも、相談が効いてきます。相談によって新たな視点を獲得していくことで、より精度の高いストーリーを描いていくことができるのです。

［図5］物事を前へ進めるための5つの要素

1	目的	何のためにやるのか
2	顧客	誰のためにやるのか
3	商品・サービス設計	どんな商品・サービスをつくるのか
4	マーケティング	顧客との関係性をどうつくるのか
5	制約	実現するうえでどんな制約があるのか

見立て、仮説、計画の「行ったり来たり」で事業は前進する

すでに気づいている方もいると思いますが、見立て、仮説、計画の3段階は一直線に進むものではありません。相談結果によっては、進んでいた道を引き返し、新たな見立てを用意したり別の仮説を見出したりする必要が生まれることもあるでしょう。

つまり、**事業とはこの3段階を常に行ったり来たりして前へ進んでいく**、と言えます。

いよいよ相談する力とつながってきました。

事業を前へ進めるうえで欠かせない「見立て」「仮説」「計画」の3つの段階。このすべての段階において、相談することなくして進んでいかないのです。

一人で考えて行動していては、見立てがいいかどうかもわからず、仮説を磨いていくうえでの視野も狭まり、計画に一貫性があるかの確認もできません。

自分の考えが「思い込み」に縛られているかもわからず、

行き詰まった状況を打破するための「ネクストアクション」も見出せず、

ともに進んでいくための「応援し合える仲間」も見つからず、

いつまで経ってもやりたいことの「解像度」も上がらない。

だからこそ、３つの段階すべてにおいて「相談」というスキルを最大限に活用することが、事業を前進させ、やりたいことを実現する肝になってくるのです。

［図6］見立て、仮説、計画の「行ったり来たり」で事業は前進する

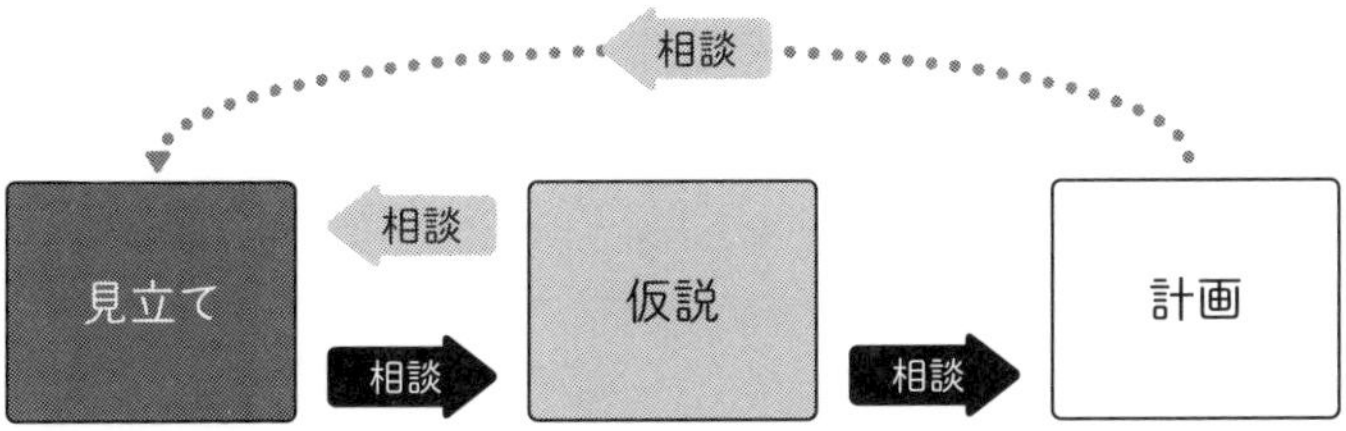

序章のまとめ

- 相談とは、行き詰まった物事を前へ進めるための手段。
- 相談するには、今自分が「見立て」「仮説」「計画」のどの段階にいるのか、という「現在地」を把握しておく必要がある。
- 見立てとは、未検証のアイデアや思いつきのことを指し、見立ての段階とは、自分一人だけで考えている状態。
- 仮説とは、「目的」「顧客」「商品・サービス設計」「マーケティング」「制約」という5つの要素について、一度でも検証を行って一次情報を得ている状態。
- 計画とは、5つの要素が一貫性をもって説明できる状態。
- やりたいことは、「見立て」「仮説」「計画」を相談によって行き来することで実現する。

1章

Why

なぜ相談するのか

「みんなで考えて行動する」ことで得られる4つのメリット

「一人で全部やらなきゃという状態から、もう少し広い輪の中で物事を考え、選択肢を見出し、行動できるようになると、ビジネスは劇的に前進していく」

相談というスキルが持つ力を、「はじめに」でこのように述べました。しかし本当に、相談にはそんな力があるのでしょうか。

実は、前章の最後に説明した「一人で考えて行動する」ことのデメリットは、**裏を返すと、そのまま相談、すなわち「みんなで考えて行動する」ことのメリットとなります。**

「一人で考えて行動する」ことのデメリット

・自分の考えが「思い込み」に縛られていることに気づけない。
・行き詰まった状況を打破するための「ネクストアクション」が見出せない。
・やりたいことに共感してくれる「応援し合える仲間」が増えない。
・やりたいことや事業の「解像度」が上がらない。

「みんなで考えて行動する（相談する）」ことのメリット

・「思い込み」にツッコミをもらい、思い込みを外すことができる。

・ネクストアクションが見つかり、行き詰まった状況を打破できる。
・やりたいことに共感してくれる「応援し合える仲間」が増える。
・やりたいことや事業の「解像度」が上がる。

ここからは、相談で得られる4つのメリットについて、私自身の実体験を踏まえて、細かく見ていきます。
ですがその前に、相談しないことが大きな損失になりかけてしまったケースをご紹介しましょう。

［図7］「みんなで考えて行動する」メリット

一人で考えて行動する		みんなで考えて行動する
自分の考えが「思い込み」に縛られていることに気づけない	→	「思い込み」にツッコミをもらい、思い込みを外すことができる
行き詰まった状況を打破するための「ネクストアクション」が見出せない	→	ネクストアクションが見つかり、行き詰まった状況を打破できる
やりたいことに共感してくれる「応援し合える仲間」が増えない	→	やりたいことに共感してくれる「応援し合える仲間」が増える
やりたいことや事業の「解像度」が上がらない	→	やりたいことや事業の「解像度」が上がる

ある若手芸人の起業相談

私が、吉本興業所属のある芸人の方から、起業の相談を受けたときの話です。

彼は、群馬県ふるさと伝統工芸品に指定されている「利根《とね》沼田の座敷箒《ほうき》」を売り出そうとしていました。その商品は、「ホウキモロコシ」を栽培し、その穂先の部分を「ほうき」にするという職人技によって生み出されるものです。

あるとき、彼は「1本の小さなほうきの値付けで悩んでいます。7千円から8千円で売りたいと思っているんですよね」と言いました。私は、純粋な問いを彼にぶつけてみました。

「どうしてその値段にしたんです?」

「いや、なんとなくそれぐらいかと思いまして」

「曖昧ですね」

「でも、師匠はそれほど高い値段で売っていないので」

「へえ。お師匠さんはどうして高い値段で売っていないんだろう」

「それはちょっとわかりません」

「お師匠さん以外で同じようなほうきをつくっている人たちは、いくらで売っているんです?」

「1万8千円とか、2万円台が多いですね。本当にすごい技術なので」
「えっ、だったらどうして7千円や8千円にしようと思ったの？」
「まだ経験が浅いので、そんなに高い値段はつけられないと思って」
「でも、その値段で売っていいの？　伝統工芸には業界水準の価格があるはずだけど、その人たちにちゃんと相談しました？」
「いいえ、相談していないです。そんな関係性でもありませんし」

その芸人の方は、技術を受け継いでから3年ほど経っています。現在では、自分一人でつくる技術があります。彼の技術はお師匠さんも認めていて、これから自分の名前で売っていこうという段階でした。

私との相談のあと、彼はいろいろな人に相談しに行ったそうです。すると、口を揃えて言われたのは、こんな言葉でした。

「自分たちの伝統工芸の価値を安売りしたくないから、1万円以下では売らないでほしい」

それを踏まえて、値段を決めました。次に相談しに来たとき、彼はこう言いました。

「確認せずに売っていたら、大変なことになっていました……」

ちなみに、お師匠さんが安く売っていたのにも理由がありました。お師匠さんは90歳を超えていて、ほうきを売って稼ぐより、技術を伝承していくことに主眼を置いているそうです。より多くの人に群馬県の伝統工芸のほうきを持ってほしいから、業界の人に了承を得たうえで、安く売っていたといいます。

自分でこうしようと考えるのは素晴らしいことです。でも、それでいいのかはわからなかったわけです。わからなければ、相談して、検証していくしかありません。それを1つひとつやっていかなければ、商売としてうまくいく可能性は低くなってしまうかもしれない。ましてや、周囲の人にも迷惑をかけるかもしれない。もし自分一人の考えだけでスタートしていたら、お師匠さんにも業界全体にも迷惑をかけることになっていたでしょう。

その後、この芸人さんは相談と仮説検証を繰り返した結果、主力商品のほうきを1万5000円に設定し、大いに売れているようです。

メリット①
「思い込み」にツッコミをもらい、思い込みを外すことができる

私が考える相談の特徴として、まずお伝えしたいのは、相談とは思い通りに進めるため

の場ではない、ということ。

むしろ、思い込みを外すためにあるもの、それが相談です。

先ほどの芸人の方のエピソードでは、「自分は経験が浅いから高く売ってはいけない」と思い込んで、業界全体に迷惑をかけるところでした。もし相談して「お師匠さんや他の職人さんたちがどうやって価格設定しているか？」についての一次情報を確認していれば、「なんとなく価格帯は7千円から8千円」という見立てから「1万円以上がよさそう」という仮説にもっと早い段階で進化していたはずです。

物事を前へ進めようとするとき、みなさんも「こうかな」「こうだろう」と思って検討しますよね。私自身も、最初のステップは、今までの経験とか、誰かから聞いた情報をもとに、「こうかな」と当たりをつけていきます。

ところが、見立てを立てた後、自ら検証したり、体験してみたり、一次情報を持っている人のところに足を運んだりせずに一人で考え続けていると、だんだん「そうなんだろう」と決めつけるようになりがちです。

すると、「こうなるはずだ」と思い通りに進めようとしてしまい、結果ビジネスが立ち止まる、なんてことになってしまいます。

そんなとき、たとえば最新の情報を持っている人に会って相談すると、「昔はそうだったけど、実は今は違うんだよ」といったことも教えてもらえるわけです。

だから、相談を「思い込みを外す場」として捉えて活用することは、新たなネクストアクションを見出すことにつながり、結果的にビジネスを前へ進めていく力となります。

「思い込み」にツッコミをもらうことの大切さ

思い通りに進めようとすることがなぜよくないのか、少し違う角度から説明してみます。

「一緒にやりましょう！」

「ぜひ！」

新しい事業やプロジェクトについて相談するなかで、こんなふうに盛り上がることがあります。その日も、魅力的なアイデアに、私も相手もとてもワクワクしていました。

ところが次に会ったとき、この話はとても残念な展開に……。

「前に相談したときにやろうと言っていたこと、準備してきました！」

「ええっ、今すぐにはできないよ……」


こうした「思い込み」に端を発するすれ違いは、ビジネスの現場で起こりがちです。相手に軽く確認すればわかることでも、「相手も今すぐ始めたいはず！」と思い込んでいると、確認しないまま「この前言っていた件、来月には始めようよ」と言ってしまう。ところが、当然相手には相手の事情があり、「今忙しいけど、年明けぐらいから一緒にやれたらいいな」という時間軸での「ぜひ！」かもしれないわけです。

さらにまずいのは、

「相談して合意したはずなのに、相手が思った通りに動いてくれなかった。頼っても無駄だ。もう自分でやるしかない」

などと考えて、「はじめに」でも述べた「自力至上主義」になり、ますます相談を敬遠するようになることです。こうなっては、思い込みを外すチャンスすらなくなってしまいます。どんな些細なことでも、相談の場を活用すれば、「思い込み」にツッコミをもらうことができます。

メリット②
ネクストアクションが見つかり、行き詰まった状況を打破できる

「一人で考えて行動する」ことの最大の問題は、ネクストアクションが見出せずに行き詰まること。つまり、見立ての段階で止まってしまうのです。

これは特に頭の回転が速い優秀な人に起こりがちです。頭の中でパパっと見立てを想像できるのでそれでわかったつもりになってしまう。この「わかったつもり」が、実は思い込みに気づけない大きなポイントです。

先ほどの芸人の方がまさにそうでしたが、一度でも相談していれば、誰かから質問を投げかけてもらうことができ、思い込みに気づけていたでしょう。ですが、一人で考えていると、そういう機会もなく、ずっと頭の中で「価格帯は7千円から8千円」とだけ考えて行き詰まっていたわけです。たった1つしか選択肢が浮かばず、ネクストアクションも見出せなくなっていたのです。

ここで、もう一度私が飲食店を起業した20年前にさかのぼりましょう。相談によって行き詰まった状況を打破するための具体的なアクションをしていく様子を見ていただけると

思います。

起業しようと思い立ったとき、私は「空間の広いお店があったらいいな」と思っていました。しかし、「空間の広い」とはどういうことなのか、たとえば幅や高さはどれくらいがいいのかといった具体的なイメージを持っていなかったのです。

そんな非常に曖昧な見立ての状態でいくら自分の頭だけで考えても、解像度は人に説明できるほど高くなりません。曖昧な見立てから進化することもありません。それでも、当時の私は、そのままの状態で相談に出向いたのです。行動力だけはあったんですね。

相談相手から投げかけられたのは、こんな反応でした。

「そういう店があったらいいよね〜。で、広いってどれくらいなの？」

今考えれば当然のツッコミですが、当時の私は答えられませんでした。私が住んでいた地域の飲食店では、1席あたりの空間が狭いお店が多く、ゆっくり話したいときや仕事の話をしたいとき、デートで使いたいときなどのシーンでは、広い空間のお店があったら顧客は絶対に喜ぶと確信していました。ですが、「広いってどういうこと？」というシンプルな問いに答えられなかったのです。そして、相談することによって、自分のイメージが抽象的だったことに気づかされたというわけです。

そこで、私はその「広いってどういうこと？」という問いを検証するために、メジャーを持っていろいろなお店のテーブルや椅子の幅や高さを測るなど、具体的に行動を開始しました。

これこそが、**ネクストアクション**です。

自分の頭だけで考えていても「広い空間」をイメージできなかったため、相談することで「広い空間」の解像度を上げるためのアクションを起こすことができたのです。

実際にいろいろなお店に行って検証してみると、頭で考えていただけではわからなかった発見がありました。たとえば、テーブル1つとってみても、狭いと感じたテーブルの大きさは何センチ×何センチで、広いと感じたテーブルは何センチ×何センチなのか、といったことが言えるようになります。

また、広い空間と言ってもテーブルの高さや幅だけ考えても足りないことがわかりました。座ったとき、テーブルと椅子の脚の間が狭いと脚を組めないことってないですか？　テーブルと椅子の間の広さも、「広い空間」と感じるための大切なポイントだと気づきました。

テーブルの下に広い空間があることで、「ゆったりリラックスして座る」ことができる。だとすると、椅子とテーブルの間がどれくらい空いていると、ゆったりと脚が組めるのか。椅子の高さはどれくらい必要なのか。実際に座って脚を組んでみて検証していきました。結果、テーブルも椅子も周囲のお店より高くすると、私が考える「広い空間」を実現できそうだと見えてきました。曖昧だった見立てが、１つの仮説へと進化した瞬間です。

こうして私は、相談することによってネクストアクションを見出すことができたのです。**「ネクストアクションが見えず、行き詰まった状況」を乗り越える手段、これも私が考える相談の大事な特徴です。**

相談と行動の繰り返しで具体化していく

さて、最初の一歩を踏み出した私は、その後どうしたでしょう。

「これだけ空いていれば、身体の大きな男性でも十分なはず」

そんな確証を得て、自分一人で考えた……のではなく、また知り合いの飲食店の店長にその仮説を持って相談しに行きました。

店長は、私が考える「広い空間」をイメージしてくれました。ところが、思いがけない問いが返ってきます。

「それって、女性は大丈夫なの？　椅子が高くて足がつかずに落ち着かないってことはない？」

また1つ、相談によるツッコミによって新たな気づきが生まれました。自分が男なので無意識に男性目線になっていたんですね。そこで、女性を連れて飲食店めぐりをやり直しました。ネクストアクションとその検証を重ねていくと、リアリティのある一次情報がどんどん自分のなかに蓄積されていきます。

ひと口に「広い空間」といっても、具体的になっていないと人に説明できません。店舗の場所を決めて、いざテーブルをというときに、ただ「大きめのテーブルがほしい」と言っても、内装業者の方は困ってしまいます。そんな状態のままでは、自分が目指したい世界観をリアルに実現することはできません。

だから、人に相談しに行く。するとと質問されるから、それにまた答えていく。このアクションの繰り返しで、目指しているものが見立ててから仮説、そして計画へと具体化されていきます。ネクストアクションが見えないときこそ、一人で考えるのではなく相談する。単純だと思われそうですが、相談には現状を打破する力があるのです。

メリット③
やりたいことに共感してくれる「応援し合える仲間」が増える

「山中さんからの相談って、相談されている感じがしないんですよね」

私は、相談相手からこんな言葉をよくいただきますが、まさにこれが私の理想形。同じ方向を見て、隣に座って語り合うようなイメージ。**相談とは、共感し合える仲間同士が、お互いリラックスした状態で行うものと捉えています。**

一方、これと真逆のイメージが相談にはついて回っています。それは、「相談とは、教えてもらうものである」という考え方。相談の場を、「教える／教えられる」の関係性だと捉えるものです。

相談される側が教える人で、相談する側が教えられる人という考え方もまた、多くのすれ違いを生み出します。

教えてもらうものだと思っていると、意識的もしくは無意識的に立場が弱くなるので「相手が忙しいんじゃないか」などと気を遣ってしまい、相談する側が勝手に壁をつくってしまいます。先輩の職人や師匠にすら相談していなかった冒頭の芸人の方のように、

「こんなことで相談していいのだろうか」と気を遣って躊躇してしまった経験は、誰もがあるのではないでしょうか。

加えて、相談される側にとってもこの関係性は非常につらい。気軽に話すのとは違い、「答えを教えないといけない」というプレッシャーがかかってしまうからです。

往々にして、相談する側の質問は曖昧で、解像度も低いものです。すると、相談される側の回答も必然的に解像度は低くなりがちに。相談が終わった後に、「相談してもらったのにこれでよかったのかな……」と相談された側が申し訳ない気持ちになってしまうことも少なくないのです。

お互いに共感がない関係性でいきなり「答え」を求めて相談しても、お互いつらくなるだけ。

だから私は、「教える／教えられる」という上下の関係ではなくて、対話をして共感してもらうヨコの関係が相談の本来的な特徴の1つだと考えています。

［図8］タテの関係、ヨコの関係の違い

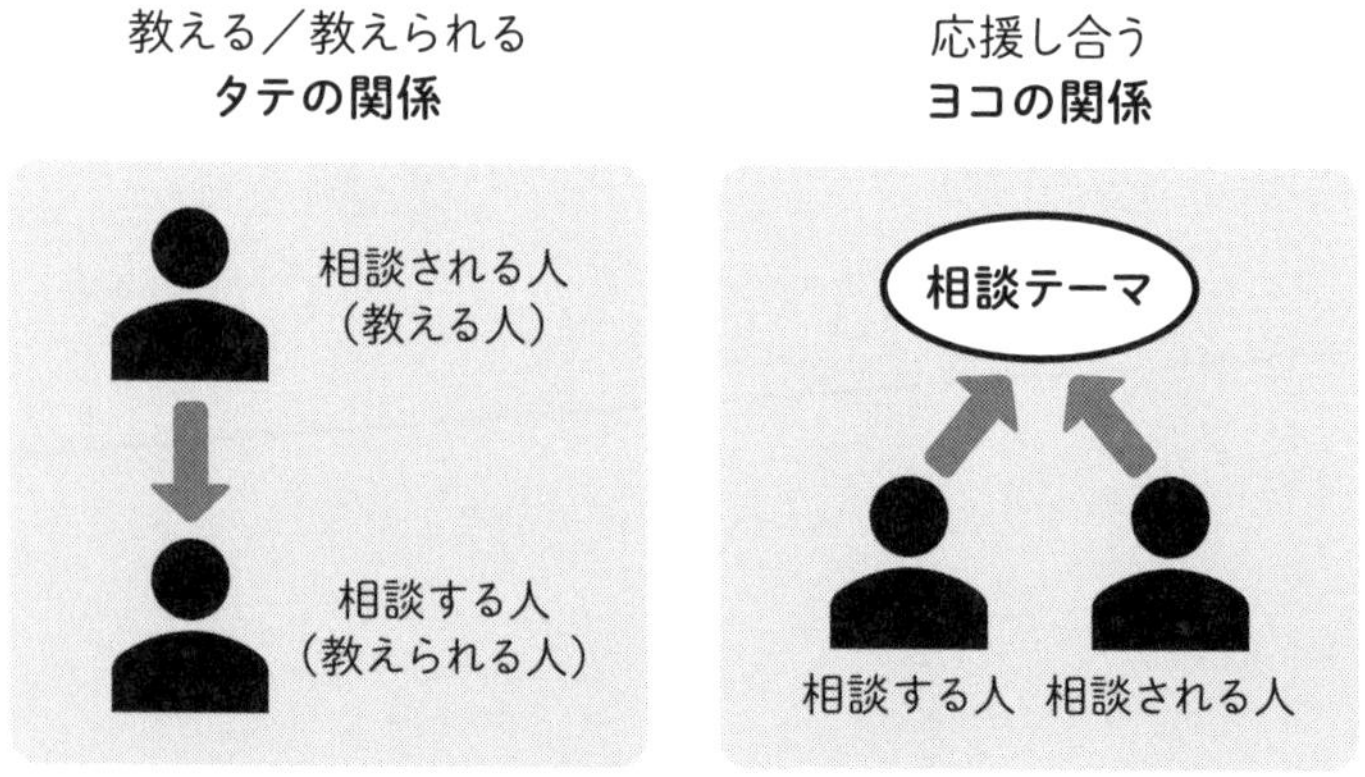

すぐに答えを求めず、対話に余裕を持たせる

「すみません、これ教えてもらっていいですか？」
「時間がないと思いますので、早速本題に入ります！」

相談しに来た方からこんな言葉を言われたらどう思いますか？　私は、思わず身構えてしまいます。

経緯や目的など背景の話がきちんと共有されないまま断片的な課題だけ投げかけられて答えだけを求められると、手段の話に終始してしまいます（背景の共有については4章で詳述します）。結果的に話が広がらず、自分一人では気づかなかった視点や、別角度からのアイデアが生まれる余地がなくなってしまいます。

もちろん私も、「どうしたらいいと思いますか？」と必死に答えを求めてくるような相談を受けることもあります。何とか答えようとがんばりますが、やはりその場で即座に解決できることはそう多くありません。結果、相談しに来た方からは「山中さんに相談したら答えがわかると思っていたのに」とがっかりされ、貢献できなかったと感じるので私自身も疲弊してしまいます。

余裕のない相談を続けると、やがて相談できる相手が減っていきます。そして、また自力至上主義へとつながっていってしまうのです。

リラックスした対話のなかで、共感し合える相手と互いに聞きたいことを聞き合う。そうすることで、一人では気づけないさまざまな視点が見えてきます。

共感してもらうために必要なのは「目的」

もしあなたが相談を受ける立場で、次の2通りの相談をされた場合、どちらの相談に乗りたいと思いますか？

「飲食店を始めたいんです。どうやったらうまくいきますか？」

「従業員が幸せに働ける飲食店をつくりたいんです」

相談の場で答えを求めることの最も大きな弊害は、共感が生まれないことです。前者のように、「誰のため」「何のため」がない相談をされても、なかなか共感しづらい。結果、私が目指しているような「ともに考える」関係性を育むこともできません。

実は後者は、私が実際に受けた相談です。相談者は塚田農場などの居酒屋経営で名を馳せた大久保伸隆《おおくぼのぶたか》さん。独立して居酒屋「鳥森百薬《からすもりひゃくやく》」を創業する際の相談の場で投げかけられたのが、この言葉だったのです。

鳥森百薬といえば、「名店のセレクトショップ」というコンセプトで大ヒット、予約のとれない人気店となっています。創業当時の大久保さんの目的は、「店が繁盛しても従業員が疲弊しない飲食店」をつくること。飲食店は、売上が上がるほどに仕込みの量が増えるなど、どうしても従業員への負荷がかかる構造になっています。これを変えるために、全国の名店から看板メニューを仕込み済みの状態で送ってもらい、仕込みをする時間を減らすことで、働く環境を整えることと繁盛店にすることを両立したのです。

飲食店の開業経験者でもある私は、大久保さんの目的を聞いて強く共感し、今でもお互いに相談し合える仲間になっています。

大久保さんのように、**新しい事業やプロジェクトを動かしていくためには、何のためにやるのかという「目的」をしっかり持っていないと、どれだけ丁寧に説明しても共感は生まれず、仲間も増えません。**これは、法人顧客向けビジネスであろうと、個人顧客向けビジネスであろうと変わりません。逆に、共感ポイントをわざわざつくって訴えてくる方もいますが、心の底から思っている目的がなければそれも空振りに終わります。

やろうとしていることが、「誰のため」「何のため」のものなのか。そして、それが社会に対してどんな価値を生むのか。そこが明確になっていることで、相談相手からの共感が生まれるのです。

仲間が増えると選択肢も増える

相談によって共感が生まれると、応援し合える緩やかなつながりが増えます。必然的に相談できる相手が増えるので、ネクストアクションにつながる選択肢も増え、検証が進むので解像度も上がっていきます。見立てや仮説を磨いていくうえで、共感でつながる仲間を多く持っておくことの重要性は計り知れません。

その緩やかなつながりを10人持っている人と1００人持っている人を比べれば、明らかに1００人のほうがネットワークや視点、情報の量が多くなりますよね。それをうまく活用できれば、見える世界は確実に変わってきます。

緩やかなつながりは、学生、会社員、フリーランス、経営者、スタートアップやベンチャーの起業家、投資家など多様な立場の方とつくり、かつ業界もいろんな領域に広げていくことをおすすめします。さまざまな人と話ができると、多様な視点で物事や社会を見つめることができるようになり、それだけ解像度を高めることができるからです。

自分はサラリーマンだからサラリーマンの人にしか相談しない、経営者だから経営者としか話さない、フリーランスだからフリーランスの人とだけ付き合う。このような狭い世界ではなく、多種多様な人と緩やかにつながると、それだけ物事が多面的に見えてくるのです。

メリット④
やりたいことや事業の「解像度」が上がる

関わっている事業の売上が下がっている。そんなとき、あなたならどうしますか？

「売上、下がっていますね。どうしましょう。売上を戻さないといけないから、もっとPRを強化するのがいいでしょうか」

「そうだね。広報と連携して、PRの戦略を練り直そう」

こんなふうに話が進んでしまうとき、私は危険だと感じます。それは、**「解像度が低い」まま物事を進めようとしているからです。**順を追って説明しましょう。

売上が下がっている状態に対して、ＰＲの効果を上げるという施策を打つ。これは、選択肢の1つでしかありませんよね。しかも検証もしていないので、段階としては「見立て」でしかありません。

このまま施策を打つ、つまり仮説をすっ飛ばして計画へと移行することを僕が「危ない……」と思う理由は、ここまで読んだみなさんにはおわかりいただけると思います。自分の事業がどの段階にあるのか（検証しているのか、一次情報を持っているのか、一貫性あるストーリーを描けるのか等）がわからないと、解像度が粗いまま進むので、やりたいことに近づけません。

ではなぜ、「自分の事業がどのステージにあるかがわからないまま打たれる施策」が世の中にあふれてしまっているのか。それは、「目的」「顧客」「商品・サービス設計」「マーケティング」「制約」の5つの要素についての検証が欠けているからに他なりません。

先ほどのケースでいうと、売上が下がったことに対するネクストアクションとして「ＰＲの強化」、つまり検証していないマーケティングの要素が1つだけ出ているという状態です。また、冒頭で見た芸人の方の事例では、「なんとなく」で価格帯を決めようとしていました。どちらもそれがたまたま適切な選択肢だったらいいのですが、そうじゃないケースだってありえますよね。

たとえば、「顧客」のニーズが変わってきているのかもしれませんし、その顧客に対して「商品・サービス設計」が従前のようには響いていないのかもしれません。だとすれば、「マーケティング」も、これまでやってきたＰＲとは別の選択肢を模索したほうがいいかもしれない。さらには、その「商品・サービス設計」を担当している自社のメンバーのモチベーションが下がっているのかもしれません。こういった思わぬところに「制約」があるケースは現実のビジネスではよく起こります。

もっと言えば、本当に達成したい「目的」と照らし合わせて、売上に過度にこだわってしまっている現状についても改めて検証すべきです。

こうした論点1つひとつの検証を、すべて自力で行うのは、実際のところ不可能です。**だから、相談によって多様な視点から考えてネクストアクションを洗い出し、検証して「解像度」を上げていく必要があるのです。**実際に相談すると、「売上減↓ＰＲ」という思い込みを外すためのツッコミをもらうことができ、いろんな人の視点や経験に基づく情報も得られます。そして、ネクストアクションにつながる選択肢が複数見えてくるというわけです。

結果的に解像度はどんどん上がり、やりたいことの実現に近づいていきます。

共感に基づく「多様で緩やかなつながり」によって解像度が上がる

相談とは、「共感し合える仲間」のヨコの関係で行うものだと述べましたが、仲間ができるということの効能は、どれだけ強調しても足りないくらいです。

仲間が増えると、相談できる相手が増えるだけでなく、相談を通じて関係性が醸成されるため一人に対して相談できる回数も増えます。すると、ネクストアクションにどんどんつながるので、仮説・検証サイクルも速くなり、解像度が上がる速度も急激に上がっていきます。結果、事業やプロジェクトを回す速度も速くなり、成果も出るという好循環が生まれるのです。

私自身、さまざまな事業を立ち上げてきましたが、振り返るといつも相談相手がいました。起業してから20年以上が経ちますが、一人で完結した事業やプロジェクトは1つもなく、相談

［図9］多様で緩やかなつながりがもたらす効果

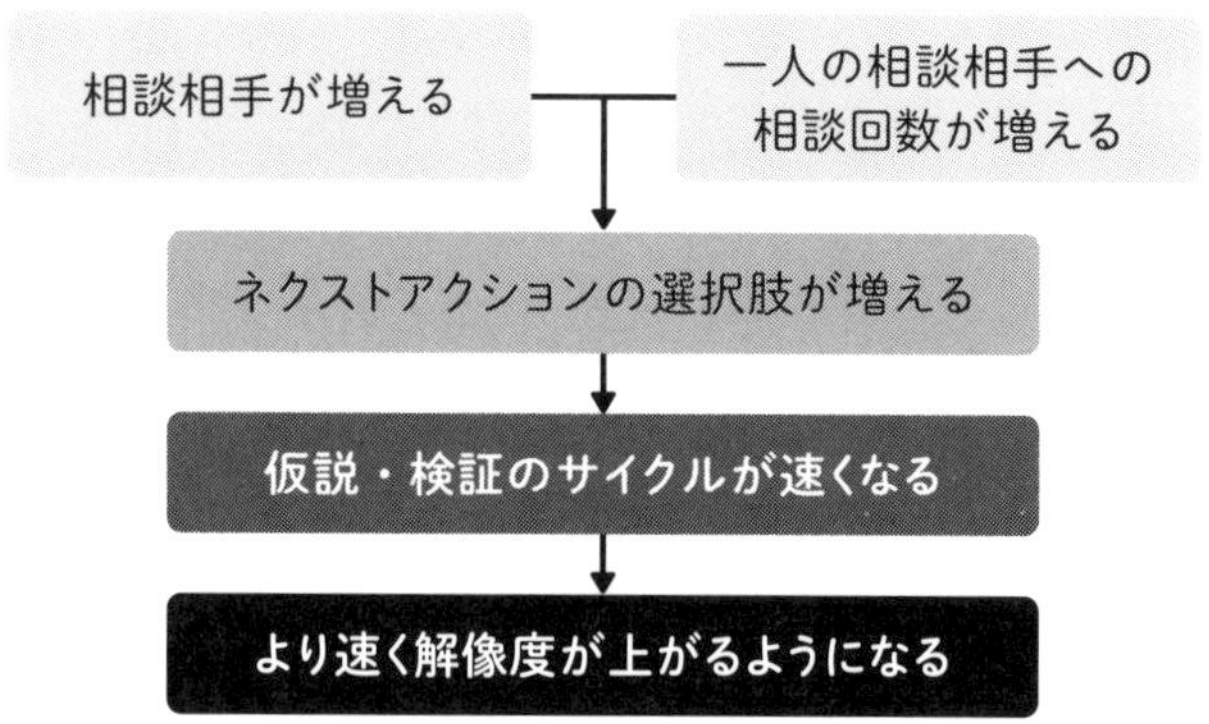

相手がいたからこそうまくいったことばかりです。

どんなに経験を積んでも、自分にとって未知のことにチャレンジすれば、誰でも必ず壁にぶつかり、ネクストアクションが見えなくなります。どこまで行っても、課題はなくなりません。そのときに頼りになるのは、共感し、応援し合える仲間です。

過去の成功体験や、インターネット上で探してきたものでわかったつもりにならず、仲間に相談し、意見やアイデアを聞き、必ず確認・検証し、そのなかで自分がいいと思う選択肢を選ぶ。これを繰り返して解像度を上げないと、行き詰まってしまう回数はいつまで経っても減りません。

「相談」は、あなたの可能性を引き出す

「そんな単純なことでうまくいくの？」

何のために相談するのか、本章では４つのメリットを見てきましたが、それでもこんなふうに思っている方もいるかもしれません。

ですが、ぜひ１つでも試してみてほしいのです。相談することにより、見立てや仮説が磨かれ、実行可能な計画へと進化していく。その過程で、できることがどんどん増えていきます。解像度が高まることに比例して、自身の経験値が蓄積される。蓄積された経験は次の挑戦のときにも必ず役に立ちます。そして、相談できる仲間が増えることで、自分一人では解決できない問題にも挑戦できる。

つまり、「可能性にあふれた人」に変わっていくのです。

「相談」を何のためにするのか。

その究極の答えがここにあります。

それは、あなたの可能性を最大限に引き出し、高めるため。

だからこそ、「一人で考えて行動する」よりも「みんなで考えて行動する」ことが重要なのです。

1章のまとめ

- 相談とは、「みんなで考えて行動する」こと。一人で考えているだけでは乗り越えられない限界を超えることができる。

- 相談には、次の4つのメリットがある。

  ①「思い込み」にツッコミをもらうことができ、思い込みを外すことができる。
  ② ネクストアクションが見つかり、行き詰まった状況を打破できる。
  ③ やりたいことに共感してくれる「応援し合える仲間」が増える。
  ④ やりたいことや事業の「解像度」が上がる。

- 相談を使いこなすことで、自らの可能性を最大化することができる。

2章

When

いつ相談するのか

「物事を前進させる」ための
3つの相談タイミング

いつ相談するべきか。それは、序章でも述べた通り、

- 「見立て」を仮説に進化させたいとき。
- 「仮説」を磨き、5つの要素それぞれの精度を高めたいとき。
- 5つの要素を一貫性をもって説明できるよう「計画」に昇華させたいとき。

この3つの段階です。


しかし、そんなことを言っている私自身も、

「もっと早く相談すればよかった……」

という後悔、実は今もあります。

一方で、相談される側の立場からしても、

「もっと早く相談してくれたらよかったのに……」

と思うことは多くあります。

実は、こうした事態に陥らないようにするコツがあります。**コツを知っておくことで、見立て、仮説、計画という3段階のいずれにおいても、相談すべきタイミングを察知しやすくなります。**適切なタイミングを把握して相談ができると、

「検証を高速で回さないといけない仮説の段階なのに、ネクストアクションを見失った」
「すでに計画が動き出したのに、仮説とは異なる事実が出てきて止まってしまった」

といった事態を回避したり、対処したりすることができるようになり、結果「やりたいこと」に着実に近づいていくことができます。本章では、相談のタイミングを見極めるためのより具体的で実践的なコツを、次の3つのカテゴリーに分けてお伝えします。

1　物事が行き詰まらないようにするための**「予防相談」**
2　物事が行き詰まってからする**「対処相談」**
3　偶然を活かす**「種まき相談」**

まずは、予防相談から見てみましょう。

［図10］**3つの相談タイミング**

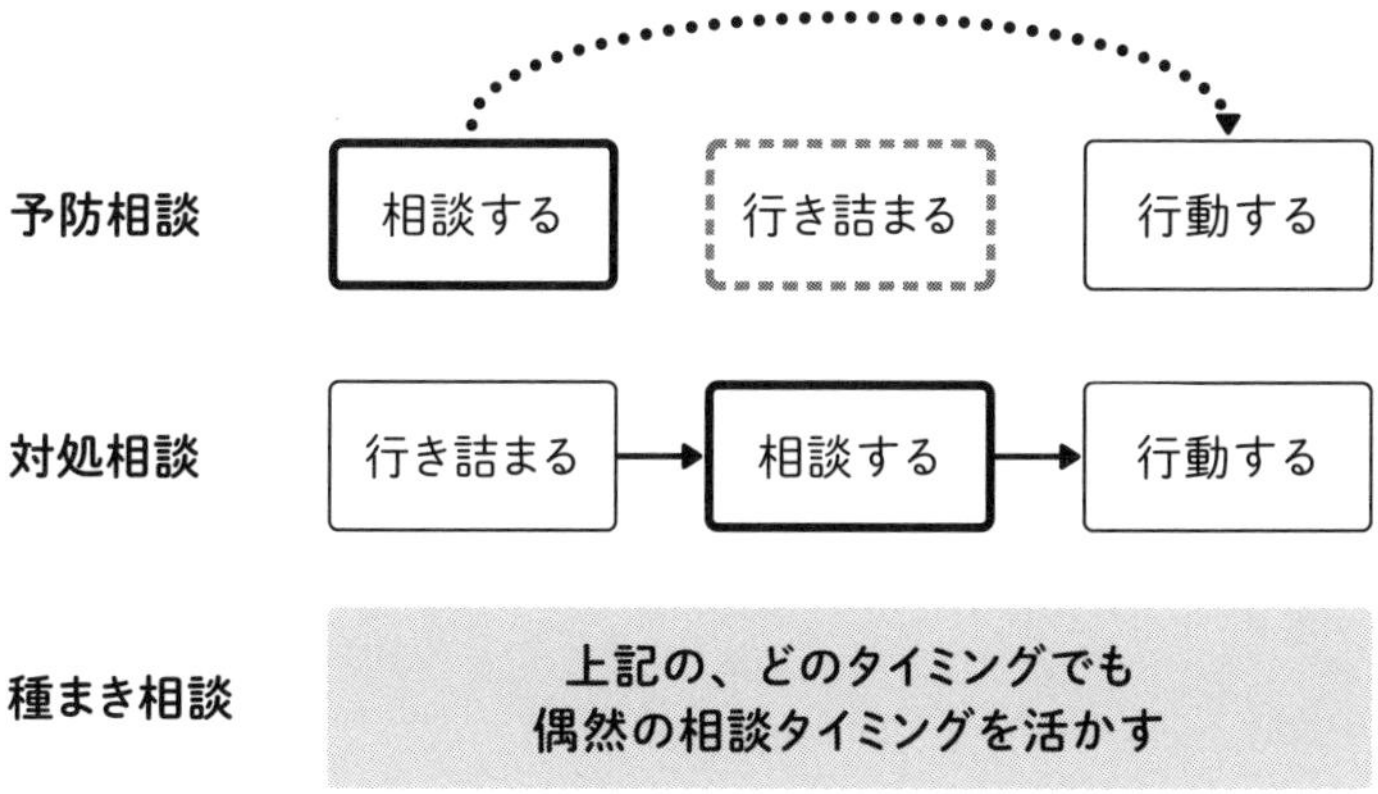

1　物事が行き詰まらないようにするための「予防相談」

「見立て」が1つしか見えないとき

物事を前へ進めるためには、当たり前ですが、できるだけ物事が行き詰まらないようにしなければなりません。**行き詰まらないために行う相談が「予防相談」です。**

「見立て」「仮説」「計画」と段階的に、そしてときに行ったり来たりして物事を進めていくわけですが、**未検証の思いつきでいいはずの「見立て」が1つしか浮かばない、というのはかなり危険なサイン。すぐに相談すべきタイミングです。**

物事には、必ず複数の選択肢があるものです。選択肢とは言ってみればネクストアクションの可能性。最初の段階では、まだいろいろなことが固まっていない分、発想の自由が許されていて選択肢も多いはず。にもかかわらず、初期の段階で選択肢が1つしか見えていないのは、「この選択肢がいいに違いない」と思い込んでいる場合が多い。思い込みを外して可能性を広げるために、このタイミングで相談を入れるのがいいでしょう。

また、見立ての枯渇は、最初の段階だけではなく、物事を進める過程でも発生します。

仮説を検証するなかで、次々とアイデアを出さないといけない状況や、計画の修正のために新たな見立てが必要になることは、往々にして発生します。そんな状況下で見立てが1つしか見えないと、選択肢が狭まり、物事は行き詰まってしまいます。

これを予防するために、仮説以降の段階に入ったら、定期的に相談をネクストアクションに組み込むことをおすすめします。

自分一人で仮説の検証を繰り返し、なんらかの確信が得られたとしても、どこかに思い込みがまぎれ込んできます。しかも、締め切りに近づけば近づくほど、焦りから視野が狭くなり、時間制限もかかるため実際に取り組めるネクストアクションはどうしても減っていきます。そうなると、やがてネクストアクションが枯渇し、身動きがとれなくなり立ち止まってしまうのです。それを予防するため、行き詰まる前に相談を組み込んでしまう習慣をつける、というわけです。

一次情報がないとき、古くなったとき

相談を繰り返し、ネクストアクションを積み重ねることで、次々と手に入る一次情報。一次情報というリアリティのある事実によって、思い込みが外れ、選択肢が広がることで

行き詰まりを解消してくれるのです。裏を返すと、リアリティのある事実である一次情報をとらずに妄想だけで物事を進めていくと、すぐに行き詰まります。

一次情報へのアクセスがないとき、これも相談すべきタイミングと言えます。特に仮説の段階では、相談と検証によって一次情報をどんどん手に入れていく段階でもあるので、一次情報がないということは仮説の精度が上がらないままになるということを意味しています。こうなると、ネクストアクションも見えなくなる。これを防ぐためにも、一次情報がなくなってきたと感じたら、近い分野で実践している人にすぐに相談するなどして、現状を打破していくことになります。

また、**事実には「賞味期限」があります。**かつて体験して得た一次情報が十分にあったとしても、時代や環境、ニーズなどの変化は激しいため、自分は知っているという思い込みを外して一次情報を更新し続ける必要があります。

特に経営者やリーダー層の方にとって、この「一次情報の賞味期限切れ」は大きな問題となります。会社が大きくなればなるほど現場から離れていき、「一次情報」が不足しているなかでの意思決定が求められがちだからです。

しかし、相談上手な経営者たちは、企業規模が大きくなっても現場感があるという特徴があります。だからこそ自身の成功体験や失敗体験に縛られない意思決定ができますし、現場のリアルな実態をつかんでいるため話も非常に面白い。自ら現場に足を運び、担当者に相談するというプロセスを、経営者になっても実践しているのです。

現場との乖離は経営者に限らず、どんな人でもキャリアを重ねて役職が上がれば起きてしまいます。一次情報がないと感じたときこそ、相談するタイミングなのだと言えます。

時間がないと感じ始めたとき

「緊急でご相談したいのですが」

私のもとには、常にそんな連絡が入ります。しかし、話を聞いてみると本当に緊急度の高い相談は極めて少ないと感じるのです。

どういうことかというと、ここにも思い込みがある、ということ。

「時間がない」や「タイトなスケジュール」という言葉は、あたかもその選択肢しかないように思わせ、無理をしてでも納得できない意見や情報に基づいて意思決定しなければと思わせてしまう危険なサインです。

さらに厄介なのは、こうした言葉は「計画」の実施に近づくほどに関係者が口にするようになります。商品であれば発売日、サービスであればローンチ日が迫ってくると、普段は冷静な人でも、どうしても視野は狭まります。目的に立ち返って試行錯誤するよりも、計画通りに進めることを優先しがちになるのです。

だから、**「時間がない」と感じたとき、これも相談すべきタイミングです。**相談することで、本当に時間がないのか、本当に早くやらなければならないのか、と問い直すことが必要になります。

また、何かを意思決定できないときには、その手前に決めるべきことが決められていないケースが多いです。

「時間がないから早く決めないと」と焦らずに、いったん立ち止まって意思決定に至るプロセスを見直し、整理したほうが近道だった、ということってありませんか？　多くの場合、そこでやるべきは、無理に意思決定することではなく、本当にそれを今、決断すべきことなのかについてすみやかに検討することではないでしょうか。**予防的なタイミングで相談することで、時間がないという思い込みを外すことができ、本当にやるべきネクストアクションが見えてきます。**

「計画ができた」と思ったとき

予防相談のうち、最も難度が高いのは、限りなく解像度を高めた段階、つまり5つの要素を一貫したストーリーで語れるようになる「計画」段階での相談です。**5つの要素が練り上がってきているため、「この計画でいきたい！」と思うようになり、自分の計画に固執するようになりがちだからです。**

計画に至るまでの仮説検証の段階を通して、5つの要素それぞれにフィードバックをもらっているはずですが、5つの要素すべてに精通している人はほとんどいません。誰にでも得意不得意はあり、たとえば「目的は素晴らしいけれど、ターゲットが甘い」といったことはどうしても起こってしまいます。そんなときは、自分が不得意な要素についてのアドバイスが活かしきれていないことが多いのです。

「よし、解像度も高まって、いい計画になってきた！」

計画に自信が生まれてきたときこそ、相談すべきタイミング。次章で説明する、計画段階で相談すべき「多面的に見てくれる人」に会いに行き、物事を進めるためにもう1つ違う視点からのアイデアや注意点を指摘してもらうようにしましょう。

2 物事が行き詰まってからする「対処相談」

自分と違う意見が出たとき

次は、**行き詰まって物事が前へ進まなくなってしまったときに行う「対処相談」です。**

1つめは、仮説や計画を練り上げていく過程で、自分と違う意見が出たタイミング。それまで磨いてきたものと異なる意見が出ると、議論が紛糾し、プロジェクトや事業は止まってしまいがちです。ですので、**異なる意見が出てきたら、対処のためにすぐに相談をしましょう。**

これからお伝えするのは、実際に私が兵庫県の淡路島で、街開発の一環でホテル事業に関わったときのこと。まさに自分とは違う意見が出たときに相談することで、物事を前へ進められた事例です。

当時、資金を集めるため、金融機関に提出する事業計画を策定していた際、ホテルの平均稼働率の最悪のパターンをどの程度の水準に設定するかという議論になりました。補足しておくと、事業計画をつくるときにはいくつかのパターンで収益予測を立てます。多くはABCの3つのパターンを設定しますが、Cは最悪のパターンを想定します。その数字で計画をつくれば、それを下回ることはないであろうという水準です。

淡路島で何人かに相談したところ、さまざまな意見をいただき、平均稼働率は50％で計算することにしました。

最悪の水準にしては高いと感じましたが、何人もの人にそう言われたので、それを採用したところ、無事に金融機関から事業計画を承認されました。そのときの成功経験から、私はホテルの事業計画をつくるときの収益予測は、Ｃパターンを50％に設定すれば金融機関は承認してくれる、と勝手に思い込んでしまったのです。

ところ変わって、山形でもホテル事業に関わりました。そのとき、同じように最低平均稼働率をどの程度に設定すればいいかという質問が出ました。私は淡路島での経験から、さも当然のようにこう言い放ちました。

「50％に設定すればいいと思いますよ」

参加者の顔を見渡すと、みなさん怪訝な顔をしています。

「ええっ。50％なんか高すぎますよ。そんなに高い稼働率で最悪の基準を設定したらまずいんじゃないですか」

全員が私の50％とは異なるパーセンテージの基準を出してきました。私は慌てて付け足しました。

「淡路島では、その数字で設定しましたよ」

ですが、結局、私の意見は採用されませんでした。ミーティングで議論を重ねた結果、出てきたのは35％という数字。私は、これでは収益性が低すぎて金融機関から問題視されると思い、とりあえずは保留にし、何人かに相談することにしました。

すると、少し解像度が上がりました。淡路島ではホテル・旅館の平均稼働率が70％だったため、50％という強気の数字を設定しても、実現可能だということがわかったのです。

ところが、山形での平均稼働率は70％に及びません。私の言うように50％という数字で設定してしまったら、最悪の基準としては高すぎる可能性が高い。

では何パーセントが適切か。35％で本当にいいのだろうか。まだ決めきれなかったので、他の地域のホテル業界関係者に相談したところ……。

「この辺りは、40％で設定していますよ」

新たな選択肢が出てきました。つまり、地域によってホテルの平均稼働率が異なることに、相談を重ねることではじめて気づかされたのです。

「地域によって違うのは当たり前でしょ……？」

そう思われるかもしれませんが、当初の私は淡路島という地理的条件やマーケット特性を無視し、数字だけを切り取ってしまっていたのです。

これはホテル業界の稼働率に限った話ではなく、さまざまなケースで起こっているのではないでしょうか。**自分と異なる意見が出たときに、より多くの人に相談することで、思い込みを外すことができるのです。**

そして、この話には続きがあります。

平均稼働率の最低水準は前提条件によって変わることを、私は相談を通じて学びました。たとえば、平均稼働率70％の実績がある淡路島で、Cパターンを45％に設定すると、金融機関の融資額に影響を与えてしまいそうです。反対に、そこまで稼働率が高くない山形でCパターンを50％に設定すると、実現可能性の低い数字で「超楽観的」な予測だと見なされてしまうでしょう。金融機関から、事業計画そのものを否定されてしまうかもしれません。

この経験から、初めて取り組む地域で宿泊施設の事業計画を立てる際に「このエリアの平均稼働率はどの程度の水準で設定しているのですか？」という質問ができるようになりました。その効果は絶大です。地域の特性を踏まえて事業計画を策定するようになったことで、事業者も金融機関も信頼してくれるようになります。こうした信頼性は、その後の関係性に大きく影響します。

さらには、事前に確認すべきことがわかると、物事が進めやすくなります。そう、対処相談によって学んだことを、今度は予防相談に活かすことができるのです。

自分の仮説に対する反対意見に「反論」できないとき

磨いてきた仮説や計画に対する反対意見に、的確な返答ができないときも、対処相談のタイミングです。

自分が「こうかもしれない」と思って進めていた仮説に対する反対意見が出たとしても、解像度が高ければこのように返せるはずです。

「その意見も選択肢の1つだと思い検討したのですが、○○という理由から現状では選択肢から外していました」

こんなふうに言ってもらえたら、反対意見を述べた人も納得しますよね。

ところが、反対意見を提示されて「なぜその点を指摘されているのかよくわからない」と思ったり、具体的な説明や反論ができずに相手を納得させられなかったりすることもあります。

それは決して悪いことではありません。仮説や計画が完璧である必要はなく、異なる意見が仮説を磨くことにもつながるからです。つまり、反対意見をもらったときこそが相談するタイミングだと言えます。

反対意見に答えられない原因の多くは、自分が考えたこともなかった視点だからです。そうした視点を丁寧に取り入れることで、自分が見てこなかった角度から物事を考えるチャンスを手にすることができます。新たな視点から検証していくことで、解像度が高まっていくのです。

場合によっては、反対意見を提示した人に直接相談するのも1つの方法です。

「その視点に関してはまったく考えていなかったので、詳しくお話しさせていただけませんか」

その場のディスカッションから相談に移ってもいいですし、後日改めて場を設定するのもいいと思います。

私の場合は、反対意見を言った人から詳細に話を聞き、そのうえで、すぐには結論づけず、客観的な第三者に相談するようにしています。そうすることで、より多くの視点が得られるからです。自分の仮説が多様な視点にさらされることで、解像度は上がっていきます。また、反対意見が提示された場の雰囲気、そのときの気分に影響されることもあり、私はその場で完結することはしないようにしています。別の機会に、別の人に相談することになれば、改めていろいろなことを調べたり、検証したりするなど、その後のプロセスが生じ、ネクストアクションにつながっていきます。

1週間を振り返って何も行動できていなかったとき

「山中さん、実はこういう課題で困っているんです」

「なるほど、そうなんですね。課題はわかりました。それで、課題を検証するために最近どんな行動をしたんですか？」

こう質問すると言葉に詰まってしまう人がいます。課題が見えているのに、それに対するネクストアクションが浮かばず、立ち止まってしまったという状態です。

こういうとき、1つ目安として意識しておくといいのが「1週間」。1週間まったく行動できていなかったら、それは対処相談のシグナルです。

「何もやっていないのは、忙しかったから」

という方も多いと思います。しかし、よくよく聞いてみれば、実は「何をやったらいいかわからなかったから」という方も多いのです。

ネクストアクションが見えているときは、たいていの場合は何らかの行動を起こします。自分の課題に対するネクストアクションが明確であればあるほど行動しやすいので、忙しいことはあまり理由にならないんですよね。

むしろ、ネクストアクションが見えないときや曖昧なときは、確信が持てないために優先順位を下げてしまいがちです。優先順位を下げてしまうと、その課題に向き合うコミットメントが下がってしまいます。

事業は、常に手足を動かし続けることが大切です。

立ち止まった時間が長ければ長いほど、それまで蓄積してきた情報は陳腐化していくもの。検証したことも、考えたアイデアも、他のことに時間を使っているうちに忘れてしまいます。**1週間何も行動できていないときは、ぜひ誰かに相談してみてください。**相談するというのも、物事を前に動かすための立派なネクストアクションですから。

考えてもわからないとき

見立てを立てるときや、仮説を検証して解像度を高めていくプロセスでは「考えてもわからない」状態に陥ることがあります。その場合は、1週間を待たずに誰かに相談してください。

何らかの解や方法が思いつかない、あるいはそもそも知らないというときに考え続けても、物事は前へ進みませんよね。

この場合も、相談そのものがネクストアクションとなります。

そもそもどこから考え始めればいいかわからない、自分で考え抜いたけれども状況を整理できずネクストアクションが見えない……。多くの人が経験したことがあると思います。もちろん、わからないことを自分で調べる方法もありますが、インターネットで調べても、書物や論文を読んでも、おぼろげにしかわからないことが多いのではないでしょうか。

その世界に詳しい人と相談を通じてディスカッションしたほうが、より深い理解や新たな視点を得られやすいと思います。私も、自分が「考えてもわからない」状態に陥っていないかを常に意識しています。そして、思考が飽和したと感じた瞬間、すぐに相談のアポイントを入れます。**相談は遅すぎるよりも早すぎるほうがはるかにいいからです。**

3　偶然を活かす「種まき相談」

偶然を活かす

予防相談や、対処相談では、相談するタイミングが重要だとお伝えしました。

一方で、**予防でも対処でもない、偶然に相談できるチャンスがやってくることもあります。それが、「種まき相談」です。**可能性の種をまくことで、思いもよらないアドバイスや人の紹介が生まれます。見立て、仮説、計画のすべての段階で共通する相談の極意のようなものと言えます。


たまたま出席した会食。隣に座った人との会話のなかで、自分が取り組んでいるテーマに相手が詳しいとわかったら？

「実は、最近こんなことをやっているんですよね」

そんな糸口から、相談に入っていってみてください。

イベントなどで昔からの知り合いにたまたま会ったときも、「久しぶり。最近何してるの？」という近況報告から話の流れで相談に移ることも、私はよくやっています。**このような種まき相談では、あれこれ考えすぎずにタイミングを逃さないことが大切です。**つまり「偶然を活かす」ということ。

そのためには、常に自分が取り組みたいテーマや課題について考え、それを説明できる状態にしておくのが理想です。

雑談の延長から入ることも有効です。なぜなら、わざわざ時間をとってもらったわけではなく、お互いに構えていない状態なので、よりフランクに話ができ、相手はある意味で「無責任な思いつき」を話してくれるかもしれません。そこから思いもよらない発想に結びつくこともあるでしょう。

相談内容が、相手にとってなじみのないことだったとしても、問題はありません。多くの人が集う場では、他に詳しい人がいる可能性もあります。

「ごめん、僕はそのあたりに詳しくはないけれど、今日は○○さんが来ているから、彼に聞いてみようよ」

私は、実際にそのようなケースを経験したことがあります。

そこで新たな出会いがあり、新たな意見や情報が入ることもあります。仮にその場では時間がなく、深く話せなければ、改めて別の機会を設定するとよいでしょう。「相談の頭出し」をしておくことで、次の相談がしやすくなります。

チャンスがあればいつでも相談するぞという状態にしておく。相談する機会は意外と身近に転がっているのです。

全体像の「ポンチ絵」を描いておく

工業製品の開発では、正式な設計図の手前で描く下書きを「ポンチ絵」と呼びます。私も、構想やアイデアを事業に昇華させるときに、必ずビジネススキームの「ポンチ絵」を描くようにしています。見立て、仮説、計画の3段階で精度は違いますが、どの段階でも描いておくと、プロジェクトの全体像や、その中であなたが担っている部分が一目瞭然になります。自分が何をやりたいのかも伝えやすい。ポンチ絵を描く過程で、自分自身の頭の中も整理されます。

ポンチ絵を描けるようになるには、大まかな事業の流れや顧客の課題が手元に揃っていなければなりません。ビジネスになるのか、マネタイズのポイントはあるのか、どういうデメリットやリスクがあるのかを、私はこのポンチ絵で見ることを習慣にしています。「種まき相談」で偶然を活かすにあたって、このポンチ絵が効いてきます。その場でたまたま出会っただけの人に説明するときでも、**たった1枚の資料で事業の目的や意義、事業の流れや顧客の課題などが、一目瞭然で説明できるからです。**

どこを目指しているのか。どこに顧客の課題があって、その課題に対してどのようなアクションをすればいいのか。ポンチ絵があることで、相談相手は全体像を踏まえたうえでの意見や情報を伝えやすくなるのです。

また、言葉で長々と説明すると、全体像の把握に時間がかかるため、曖昧なまま相談が進むことがあります。その点、ポンチ絵にして視覚的に示しながら説明すると、お互いの認識のズレが小さくなり、実りの多い相談になりやすいというメリットもあります。偶然の出会いを、最大限活かすことが可能になるのです。

コロナ禍のように誰もが動きを止めているときこそ

少し前まで、多くの人が口を揃えて言う「立ち止まってしまった原因」はコロナ禍でした。

「コロナだから、アポイントをとってもうまくいかないよ」

「こんなときにプロジェクトを動かそうとしてもだめだろう」

誰もが動きを止めているときもまた、相談するタイミングと言えます。もちろん、すぐに結果は出ないかもしれません。ですが、そうした時期こそ、相談して選択肢を洗い出し、解像度を高めておくことで、**いざ動くときに芽が出る「種」となります。**


私が社外取締役を務めている、観光産業に特化した人材サービス業界最大手のある企業は、「特定技能者」、つまり海外からの人材の受け入れ事業を行っています。

しかし、コロナ禍で海外からの人材流入が止まってしまいました。そんなとき、社長から「最近、担当責任者がやれることが少なくて困っているんだよ。彼と話をしてくれないか？」と打診されました。

私は、さっそく海外人材受け入れの担当責任者と話をしました。彼は言います。

「コロナで海外の人が日本に来られなくなって、今やれることが限られてしまっているんです」

「なるほど。でも、これから伸びていく事業ですよね？」

「そうですけど、まだマネタイズもできていなくて。これからだと思っていた矢先にコロナになってしまったんです」

「競合他社も動きが止まっている今だからこそやれることもありそうですね。特定技能者の方を日本に連れて来る準備などはできそうですか？」

「はい」

「だとしたら、今は来られないかもしれないけれど、来たい人たちのニーズを満たすような情報発信とかあるかもしれませんね」

「確かにそうですね……」

「日本に来たい人たちと積極的にコミュニケーションをとるのもいいかもしれません」

「その発想はなかったので早速、社内で検討していきたいです」

「人の移動が再開したら、すぐにスタートダッシュを切れるような準備を今しているかが重要になりそうですが、他に何かアイデアはありますか？」

「今はまだ考えられていませんが、ネクストアクションの方向性が見えました」

事業を推進するうえで、何もやれないということは決してありません。海外人材が移動できなくなってしまったからと言って、完全にお手上げ、というわけではありませんよね。コロナ禍で時間の余裕ができたからこそ、ゆっくり一人ひとりとコミュニケーションがとれるかもしれません。あるいは、外国人が日本にやって来るときの課題を直接外国人から聞き出し、その解決策を模索することもできます。それは、対面にこだわらずウェブミーティングでも十分できます。

目指すことの1つは、多くの外国人を日本に連れてくることかもしれません。しかしそれは、いわゆる「クロージング」です。クロージングに直結する活動はできなくなっても、できることは限りなくあります。

コロナ禍は、一応の落ち着きを見せています。しかし、パンデミックや災害はこれから先も起こるでしょう。**外的要因は行動できない理由にしてしまいがちですが、そういうときこそ種まき相談の絶好の機会なのです。**

2章のまとめ

- 相談すべきタイミングには次の3つのカテゴリーがある。

  1 物事が行き詰まらないようにするための「予防相談」
  2 物事が行き詰まってからする「対処相談」
  3 偶然を活かす「種まき相談」

- 予防相談のサインは、次の4つ。

  ① 未検証の思いつきでいいはずの「見立て」が1つしか浮かばないとき
  ② 一次情報へのアクセスがない、もしくは古くなったとき
  ③ 「時間がない」と感じたとき
  ④ 計画に自信が生まれてきたとき

- 対処相談のサインは、次の4つ。

  ① 自分とは異なる意見が出てきたとき
  ② 反対意見に的確に反論できないとき
  ③ 行動が行き詰まって1週間が経過したとき
  ④ 考えてもわからないと自覚したとき

- 種まき相談を活用するには、次の3つの心構えが効く。

  ① 偶然を活かす心構えをしておく
  ② 全体像を説明できるポンチ絵を用意しておく
  ③ 誰もが動きを止めているときにこそ動く

3章

Who

誰に相談するのか

ネクストアクションにつながる
相談相手とその選び方

「誰に相談すればいいかわからない」
「相談相手を間違えたら、相手も自分も時間の無駄になる」
「こんな私が、偉い人に相談するなんておこがましい」

相談に慣れていないと、相談相手を選ぶときに考えすぎてしまい、一歩が踏み出せなくなります。本章では、多くの人が抱える**「誰にどう相談するのか」**という悩みについて、私なりの考えを示したいと思います。
具体的には、相談相手を次の４つに分けて説明していきます。

1　気軽に相談できる人
2　専門性が高い人
3　多面的に見てくれる人
4　相談のための相談ができる人

1～3はそれぞれ、「見立て」「仮説」「計画」の各段階と対応していて、各パートではそれぞれの人にどう相談するかも合わせて解説しています。また4は、「誰」の話をすると必ず聞かれる「相談相手が見つからない」という悩みに答えるものです。最後には「相談してはならない人」も解説しています。ぜひ、参考にしてみてください。

1 「気軽に相談できる人」に相談する

「気軽に相談できる人」ってどんな人?

「ちょっと相談したいんですけど、いいですか?」
思い切って相談相手に連絡したとします。次の2つのうち、どちらの回答をする人が「見立て」の段階の相談相手としてふさわしいと思いますか?

「もちろん、いいよ」
「どんな相談?」

［図11］相談相手の選び方

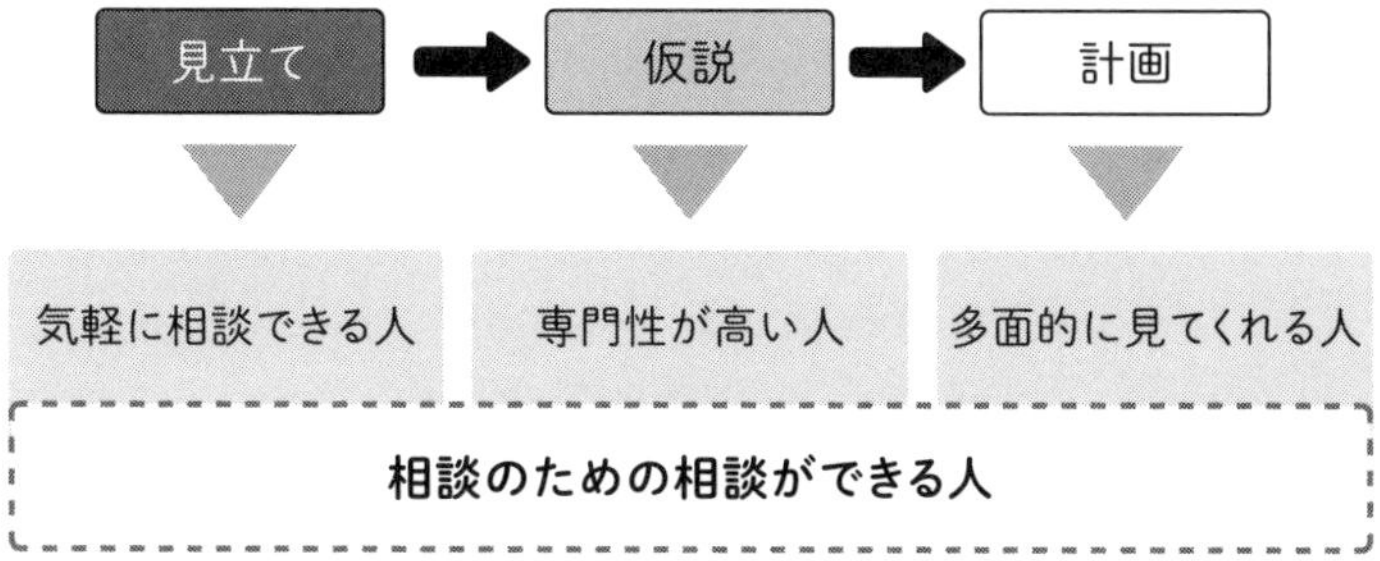

後者の「どんな相談？」という言葉が真っ先に出てくるのは、相談内容をきちんと見て、相談に乗るか乗らないかを決めたい人。一方、前者の「もちろん、いいよ」という言葉が真っ先に出てくる人は、内容に関係なく相手の相談を聞く用意がある人だと言えます。私は、このような人を「気軽に相談できる人」としています。

私の場合、「見立て」の段階での相談では、わざわざ事前に相談内容を言わないことのほうが多いかもしれません。なぜなら、「見立て」の段階はそもそも解像度が低いので、自分自身でも考えを整理できておらず相手にうまく説明できないことが多いからです。

「こんなことをやろうと思っているんだけど、どうかな？」
「こういう課題があるかもしれないんだけど、どう思う？」

こんな曖昧な見立てしか話せないような状態でも、無条件に時間をとって話を聞いてくれる人が「気軽に相談できる人」です。思い立ったときに疑問や考えをすぐぶつけられる人がいると、見立ての精度が上がってネクストアクションが見つかりやすくなります。結果、仮説へと進化していくスピードが速まります。

見立て段階は「気軽に相談できる人」へ

見立ての段階での相談相手の選び方は、気軽さがポイントなので、特定のこの人に相談しなければならないと決めつけないほうがいいです。気軽さの目安は、たとえば、その場で電話することに抵抗がなかったり、夜中でもメールを送ったりできる関係性の人。信頼する古くからの友人や何でも言い合える同期、よくランチに一緒に行く先輩や直属の上司などもそうかもしれません。

また、あえて設定した相談の場ではなく、偶然の機会を活用するのもいいでしょう。相談相手がその分野のことに詳しくなくても、素朴な疑問や新たな課題を知る機会になるからです。たまたま参加した飲み会で一緒になった人、イベントで再会した知人など気軽に相談できる相手なら誰でもかまいません。相談で得た意見や情報をヒントに、見立ての選択肢が増えることで課題や解決策の幅を広げていくことができるのです。

見立ての段階では、できるだけ多くの人、さまざまな属性の人に相談し、多様な見方を知ることが重要です。気軽に相談できる人にまずはぶつけてみることで、仮説へとつながるネクストアクションの糸口が見つかります。

なお、見立ての精度を高めて仮説に進めた後でも、検証するなかで思い込みが外れ、当初は考えていなかった別の見立てに戻ることも少なくありません。

こんなときも、気軽に相談できる人への相談は有効です。新たな見立てをこれまで磨いてきた仮説をもとに相談相手に話していると、自分の考えの矛盾に気づいたり、相談相手に質問されたりすることで考えが整理されていきます。

2 「専門性が高い人」に相談する

「専門性が高い人」は2種類いる

見立ての精度が上がり、仮説段階へと進むと、特定の分野の専門的な知識や深い経験が求められることが増えてきます。この段階で相談すべきなのは、「専門性が高い人」です。

このようにお伝えすると、多くの人は、その分野の第一人者や大学教授、著名なコンサルタントなど、それなりの権威や肩書きを持つ、いわゆる「専門家」を思い浮かべるかもしれません。

しかし相談においては、この専門性を2種類に分けて考えると、誰に相談するかを選びやすくなります。

1つめは、「実践知が豊富な人」。プロジェクトや事業を前へ進めるために自ら仮説・検証を繰り返し、実践を通じて知識を深めてきた人は、その人ならではの一次情報を大量に持っています。**実践知が豊富な人に相談すると、ネクストアクションが見えずに行き詰まっていたプロジェクトを前進させてくれるような、手触り感のあるアイデアやアドバイスがもらえます。**それにより、やりたいことが実現する道が見えてくるのです。

仮説を磨いていく過程では、いかに余白があるか、つまり自分が考えている範囲内でのヌケモレがいかに多いかを見て、潰していくことが重要です。仮説にあいた穴を埋める感覚といえば伝わりやすいかもしれません。そのためのネクストアクションを絞り込んでいく際に、相談相手が持つ実践知が効いてきます。

［図12］専門性が高い人の「2つの専門性」と「相談ポイント」

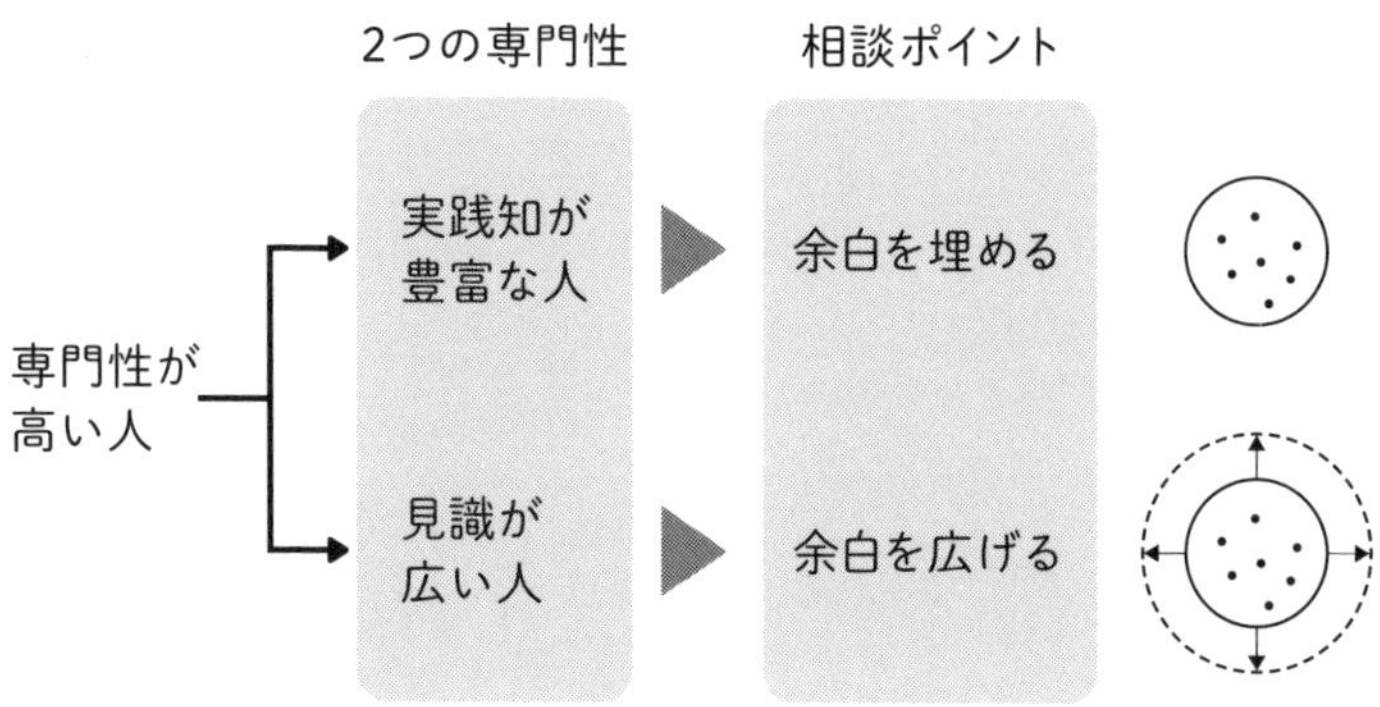

そう言うとやっぱりすごい人に相談しないといけないのでは、と思われがちですが、そうではありません。私が仮説を磨くうえで大事にしている相談相手は、**「身近にいる実践知が豊富な人」です。**

相談相手が少なくとも自分より実践経験が多ければ、自分の気づかなかった視点や意見をもたらしてくれる可能性は高いです。

たとえば、会社に勤めている人であれば、自分の専門外の部署の人が当てはまるでしょう。もしあなたが営業部門だとしたら、財務や法務、人事、マーケティングなどの専門部隊は、自分よりその分野に詳しい人たちです。また、異業界や異業種で働いている人や、起業経験がない方にとっては起業経験を持っている人も、自分より専門性を持っている人だと言えます。

2つめが、「見識が広い人」。たとえば、修士号・博士号を持っている人や、大学教授などのいわゆる研究職に就いている人、多様な企業と接点を持つコンサルタントなどが当てはまります。こうした人たちは、専門領域における先進的な事例や社会の流れだけにとどまらず、幅広い知識と網羅的な視点を持っています。そのため、**相談すると多様なケースを共有してくれたり、時流に沿ったフレームワークを教えてくれたりします。**

仮説の精度が高まってきた段階は、例えるならば、余白、すなわち自分が考えている範囲内の穴がある程度埋まっている状態です。この段階からより精度を高めていくには、自分が考えている範囲の外側へ広げる必要があります。新たな視点を取り入れることで余白を広げ、これまで考えられていなかった新しい視点を獲得することができるのです。

「見識が広い人」への相談で最も大事にすべきなのが、業界や他社のケースといった外側との比較を促してくれる質問です。

「マーケット全体の中でどこに位置づけられますか？」

「過去のこういうケースと比べてどう違うんですか？」

見識が広い人は、相談相手の話を聞くと、すぐに別の業界の事例、時流との整合性、マーケットポジションなどが頭にひらめいて、比較しながら質問してくれます。相談している側は、質問されることで違いに気づいたり、今まで見えていなかった視点に立って考えたりすることができるようになります。

余白、すなわち自分で考えられる範囲が広がり、さらに仮説の精度を高めていくための選択肢が得られるのです。

2種類の「専門性が高い人」への相談の使い分け方

仮説の精度が高まってきた段階で2種類の「専門性が高い人」に相談するとお伝えしましたが、具体的には両者への相談をどのように使い分ければいいのでしょうか。

まず「実践知が豊富な人」への相談は、5つの要素の仮説・検証は進めているものの、ネクストアクションが見えづらくなってきたときがおすすめです。**実際にアクションしている人ならではの一次情報を知ることは、行き詰まりを打開する大きなヒントになるからです。**

なお、実践知が豊富な人の中には、相談しに来た人が「どこまで行動しているのか?」を見て本気度を探る、という人も多いです。相談の際は、5つの要素について、自分なりに獲得してきた一次情報をしっかり伝えるよう心がけましょう。

一方で、「見識が広い人」からは、自分たちが進めている事業やプロジェクトが社会やマーケットから見てどんな価値や意義があるのかという点についてヒントをもらえるため、**今自分が見えていない選択肢はないかを確認する際に相談するのが有効です。**

外部の人に説明をする必要があるときなどに相談すれば、事業全体を自分たちの視点だけではなく、社会全体の視点で語れるようになり、説得力が増して伝わりやすくなります。

たとえば、採用を検討する際に、自分たちが求める人材像が曖昧な状態であれば、まずは「自分より詳しい」人事部の同僚や、友人知人に相談するのがよいでしょう。採用基準や給与水準、採用手法などの諸条件も明確になってきたら、次は外部の採用の専門家に相談して採用マーケット全体の潮流や競合他社の事例、最新の考え方や手法を聞くタイミングだと言えます。

相談とは「見立て」「仮説」「計画」を進んだり戻ったりしながら解像度を上げるものだと序章で述べました。

まさに「進む」ときには「実践知が豊富な人」に、「戻る」ときには「見識が広い人」に相談する、とも言えます。

［図13］専門性が高い人への相談の使い分け方

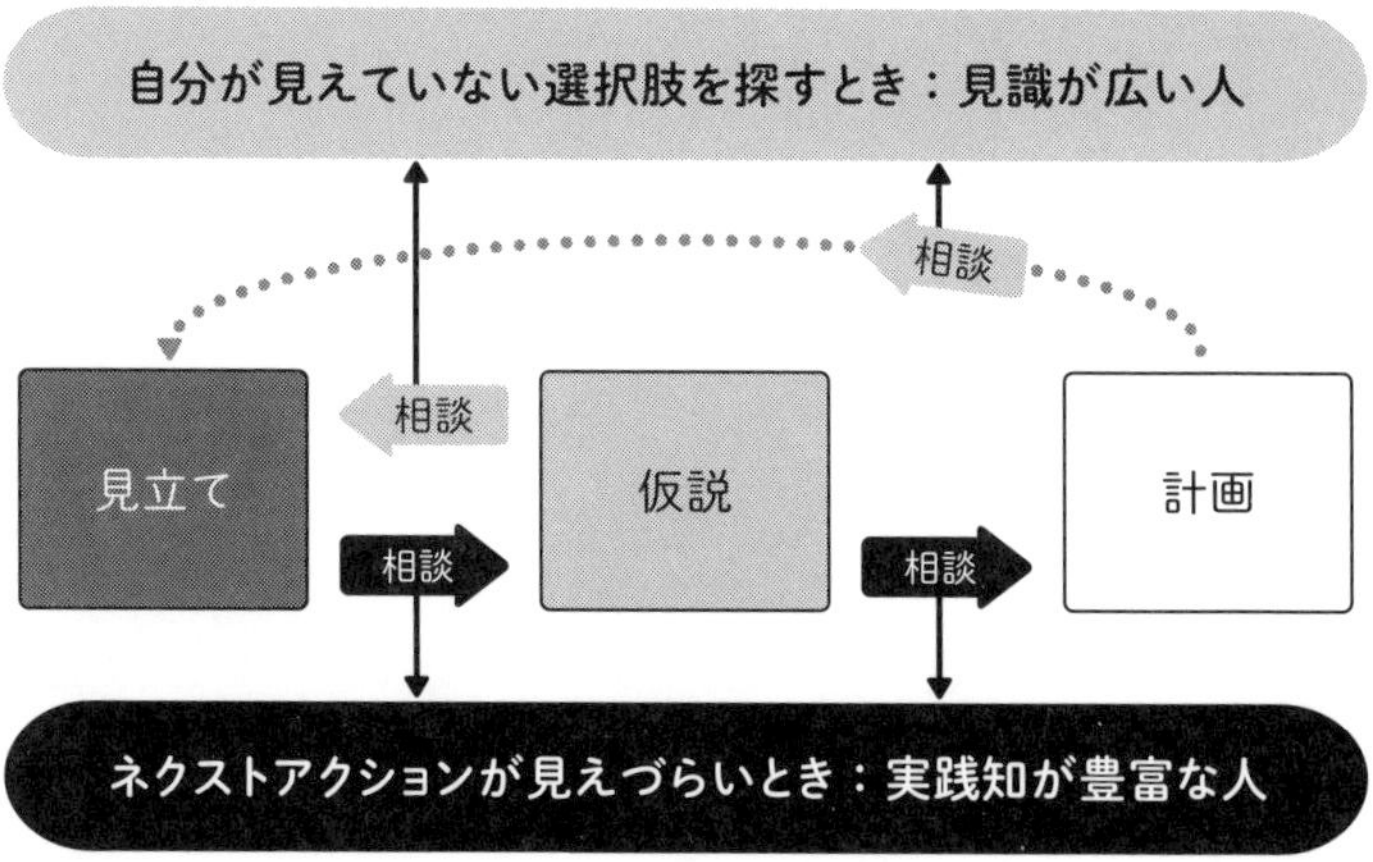

自分の仮説が今、余白を埋めて解像度を上げてネクストアクションを見つけたいのか、余白をつくって新たな選択肢を見出したいのか。それに合わせて2種類の「専門性が高い人」への相談を使い分けると、仮説の精度が上がっていきます。

3 「多面的に見てくれる人」に相談する

「多面的に見てくれる人」とはどんな人か？

地方創生に関わる事業について、ある人に相談したときのことです。私なりに見立てから仮説へと精度を高め、相談・検証を続けて5つの要素に一貫性が出てきた段階だったため、「これでいけるはずだ」と思っていました。ところが、全体像を見たうえで、その人はこう指摘したのです。

「あなたのサービスはいいと思うけど、それをやることによって困る人もいるんじゃない？」

その事業は、地域の外から若い人が流入することや、地域での雇用創出、地域の一次産業と連携することによって、まちの経済が活性化するというもので、私自身はいいサービスだと思っていました。だから、「困る人もいるんじゃない？」という指摘に、強い衝撃を受けました。相談相手は続けて言いました。

「人が増えて経済が活性化すると土地の価格が上がるでしょう。そうすると固定資産税が上がる。その地域に住み続けようと思っている人は困るんじゃない？」

「それに、若い人が増えるということは夜騒いでうるさくなる可能性もある。もともと住んでいる人で、静かに暮らしたい人にとっては暮らしにくくなるという側面もあるよね」

ズバリと指摘され、自分のサービスによって喜ぶ人のことだけ考えていたことに気づかされました。

「このサービスによって困る人については、まったく考えていませんでした」

正直に伝えると、その人はやさしくこう言ってくれました。

「やりたいことはわかるし素晴らしいけど、その点はしっかり考えたほうがいいよ」

自分がいいと思ったサービスでも、反対側には困る人がいる。設定した「顧客」以外にも意識を向けることでよりよい「商品・サービス」になると気づいた瞬間でした。この相談以来、それまで持っていなかった「反対側の視点」を意識するようになりました。

仮説の精度が高まり、計画まで進んだ段階で、このような「反対側の視点」をもって「多面的に見てくれる人」に相談するのはとても有意義です。自分の中である程度具体化し、「これでいける！」と思ったときにもう一段伸びるきっかけを与えてくれるのは、多くの場合、率直な批判や、盲点の指摘だからです。

解像度が上がっている「計画」段階のときこそ、批判的な目でしっかりと見てくれる共感者がいると、計画の外側に目が向き、視野が広がります。そういう存在を見つけるのは大変で、探してもなかなか見つかりません。

だからこそ、多面的に見てくれる人に出会ったときは大切にしてください。

多面的に見てくれる人の「戻る指摘」を大事にする

多面的に見てくれる人に相談するのは、検証が進んだ「計画」のタイミングです。これまでいろんな人に相談し、情報収集や検証を重ねた、いわば「自信がある状態」。裏を返すと、「これでいいに違いない」と思い込む傾向が強くなり、他人の意見を受け入れる余地がない段階とも言えます。

多面的に見てくれる人に相談すると、自分が考えてもいなかった盲点を突かれたり、曖味なまま放置していた点を指摘されたりします。それらは事業やプロジェクトを前へ進めるうえで価値あるものですが、実際に盲点や曖昧な点を突っ込まれると、むっとしたり、モチベーションが下がってしまったりすることもあります。

たとえば「●●」について多面的に見てくれる人に相談したとしましょう。自分の意義や目的、これまで検証してきたことを話すと、「■■という視点が抜けていませんか」「とても興味深いですが、そもそも▼▼という可能性もあるんじゃないでしょうか」という指摘が飛んできます。

これは、相談者にとっては計画段階から見立て段階に「戻る指摘」です。

「話したかったことの手前ばかり質問されて本題にいけなかった」

「この人は自分がほしい答えをくれない。大したことないんじゃないか」

相談しても不完全燃焼になるため、もらった意見や情報を検証しないまま「相談しっぱなし」になってしまう人は意外と多いのです。

ですが、前述のような「反対側の視点」は、自分一人では気づけない、多面的に見てくれる人ならではのとても有意義な指摘です。それを拒んでしまっては、やりたいことの実現に近づくチャンスを失ってしまうとともに、本来一番大切にすべき相談相手との関係を損ねてしまいかねません。

自分の手足で検証を重ね、5つの要素のつながりが見えてきた「計画」の段階でこそ、多面的に見てくれる人の「戻る指摘」を大切にしましょう。

4 「相談のための相談ができる人」に相談する

「相談のための相談ができる」ってどんな人？

「自分の知り合いの中には相談できる相手がいない。どうすればいいでしょうか？」

相談そのものについて、最も多く受ける質問がこれです。そもそもやりたいことに近い分野や業界に知り合いがいない場合もあります。また、物事を進めて見立てから仮説、計画へとステージが進んでいくと、自分にもそれなりに知識や経験が増えてくるので、その時点の自分との比較で「自分より詳しい人」は変わってきます。相談したいタイミングに合った適切な相談相手がいない……という状況になることもあるでしょう。

こうした状況を打破するには、「相談のための相談」が効果的です。

では、「相談のための相談」相手とは誰なのか。

それこそが、あなたに共感してくれる仲間です。つまり、応援してくれている彼ら彼女らに「仲介者」なってもらうというわけです。

事業の目的や意義を具体的に話し、応援してくれる「ヨコの関係性」を築けていると、相談相手はその場で「そういうことであれば、自分よりあの人のほうが詳しいな」と適切な人を紹介することができます。また、相談者のやりたいことを何とか実現させてあげたいと思い、後日、相談相手が自ら適切な人を紹介してくれる場合もあります。

さらに、そうした共感を介したつながりが増えていけば、やがて業界で顔の広い人やネット上で影響力のある人にもつながっていきます。つながりのハブになる人は、どんな状況のときでも「あの人に相談しよう」と思い浮かべることができます。このような人が仲間にいると大変心強いです。

私自身、そうしたつながりから紹介していただいた新しい出会いなくして、今の実績や成果はないと断言できます。

「相談のための相談ができる人」にはどのように相談すべきか

「相談のための相談」にはパラドックスがあります。

それは、**紹介をしてもらうことを目的とするとうまくいかない**、という点です。

「紹介してもらうための相談なのに紹介を目的としない？」と疑問に思う方もいるかもしれませんが、忘れてはいけないのは、目的は物事を前へ進めるために相談するということです。**紹介はあくまで手段の1つにすぎません。**紹介されなくても、物事が前へ進めばいいわけです。たとえば、「○○さんを紹介してほしい」と相談したときに、「○○さんはアポイントをとるのが難しいけど、○○さんのウェブ記事を読んだらたぶん今の悩みはすぐに解決すると思うよ」となるかもしれません。


ですので、私の場合、相談のための相談をする人にまずは目的や意義、自分の見立てや仮説、計画を丁寧に伝えながら今なぜ行き詰まっているのか、という課題を伝えます。決して自分から「この人を紹介してください」とは言いません。一緒に考えるなかでネクストアクションを見出せたらそれで十分ですが、多くの場合、相手から「この人と会ったことがなければ紹介するよ」「この人とつながったらきっと応援してくれるから紹介しようか」と提案されます。**相談相手に共感が生まれて「この人を応援したい」という気持ちが**

芽生えれば、結果的に紹介してくれるものです。

だからこそ、こちらから求めるのではなく、中長期的に共感し合える関係性を育むことが最善の道となるのです。相談相手と共感し合う関係が築ければ、自ら動いてくれるはずですから。

「山中さんという、○○をやろうとしているめっちゃ面白い人がいるので、ぜひ会ってください！」

その熱量は、新たに相談を受ける人に伝わります。

仮に共感が浅いまま、渋々「山中さんという人が会いたいと言っているんですけど、セッティングしていいですか？」と動いてくれたときとは伝わる熱量が段違いです。

自分がやろうとしていることに共感してもらえるよう、事業の目的や意義や見立ての共有に言葉を尽くす。紹介してもらえる関係性はそこから始まるのです。

［図14］相談相手が紹介してくれた人と最初からヨコの関係になる

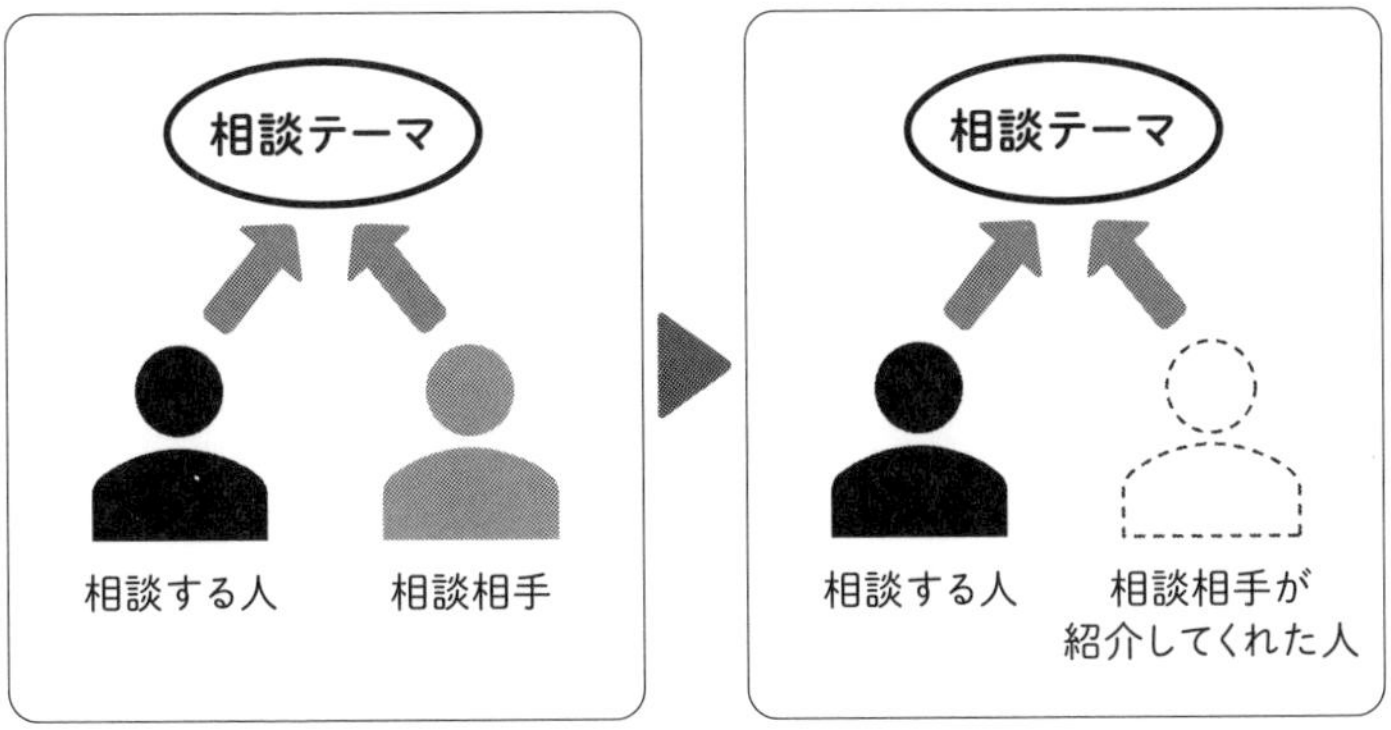

応援し合うヨコの関係

「紹介」は相手に委ねる

人と人は会うべきタイミングというものがあります。

「相談のための相談」をした相手が相談しに来た人の目的や意義を理解して「ヨコの関係」になっていなければ、たとえ誰かを紹介してくれたとしても、紹介された人と相談する人の「接点」が曖昧になります。すると、実りある相談になりにくい。

反対に、目的と意義をすべて伝え、議論を尽くした結果「ヨコの関係」になり、熱量高く人を紹介してもらえるケースは、接点が明確ですよね。会う前からお膳立てがあるので、相談が始まってすぐに、二人で同じ絵を見ながら率直に議論できる「ヨコの関係」になります。これこそ、人と人とが出会うべきタイミングだと思うのです。**相談のための相談ができる人とは、人と人が出会うべきタイミングをつくる人、そう言えるかもしれません。**

相談のための相談ができる人には多くの人脈やネットワークがありますが、彼らはただ人をつなぐことだけに喜びを見出しているわけではありません。自分が共感した人や事業やプロジェクトを誰かにつなぎ、そこから何か新しいものが生まれることに喜びを感じているのです。

紹介という行為が、自分でコントロールできるものではないとなると、不安に思う人がいるかもしれません。**しかし、相談に行ってじっくり話せたと思えたら、後はすべて相手に委ねるべきだと私は考えています。**

紹介してくれた人は、相談者が思い浮かべた人ではないかもしれません。期待して話をしに行ったのに、新たな視点や意見があまり得られなかったということもあるでしょう。しかし、次に会うときにはその人が自分のやりたいことに共感し、応援してくれる唯一無二の仲間になるかもしれません。

相談のための相談ができる人に委ね、偶然の成り行きで広がっていく「自然発生的なつながり」こそが、あなたのやりたいことを長期的に応援してくれる仲間を増やすのです。

相談相手に選ばないほうがいいのはどんな人か

こちらの話をまったく聞かない人

私にも、うまくいかなかった相談がいくつもあります。

その多くは相談相手の選び方に原因がありました。選ばないほうがいい相談相手の特徴の1つは、**「こちらの話をまったく聞いてくれない人」**です。

その相談相手は、豊富な知見や経験がある方でした。ところが、私の話はこれっぽっちも聞いてくれず、ご自身の成功体験ばかり話していたのです。すごい話を聞いたという印象は残りますが、自分の置かれている状況や課題に即した話ではないので自分ごと化できずネクストアクションにつながりません。私の話に共感してくれたわけでもないので、その後も関係は続きませんでした。

愚痴が多い人

「愚痴が多い人」も相談相手に選ばないことが重要です。

正確には主体性がない人とも言えるかもしれません。愚痴を言うときは、文句を言うだけで自らその課題を解決しようと主体的に動いていないケースが大半です。つまり、愚痴が多い人は普段から行動していない可能性が高い。行動していないから一次情報に触れる機会も少なく、相談してもネクストアクションにつながる意見やアドバイスがもらえないことが多いのです。

では、「愚痴が多い人」と「文句は言うけどめちゃくちゃ手を動かす人」をどう見極めるといいのでしょうか。それは、相談相手が何に共感して話を進めているか、です。

目的や意義への共感であれば心強い仲間になりますが、愚痴が多い人は困っていることに共感します。**解決するために知恵や力を使うのではなく、困っていることに意識が向かっていると、ネクストアクションにつながる対話になりにくい。**たまに愚痴を言うのであれば問題ありませんが、普段から愚痴が多い人は相談すべき相手ではないと言えます。

他人の言葉で語る人

最後にもう1つ、相談相手として適切ではないタイプをお伝えします。それは、**「他人の言葉で語る人」**です。たとえば、こんなことを言う人には要注意です。

［図15］愚痴が多い人の見分け方

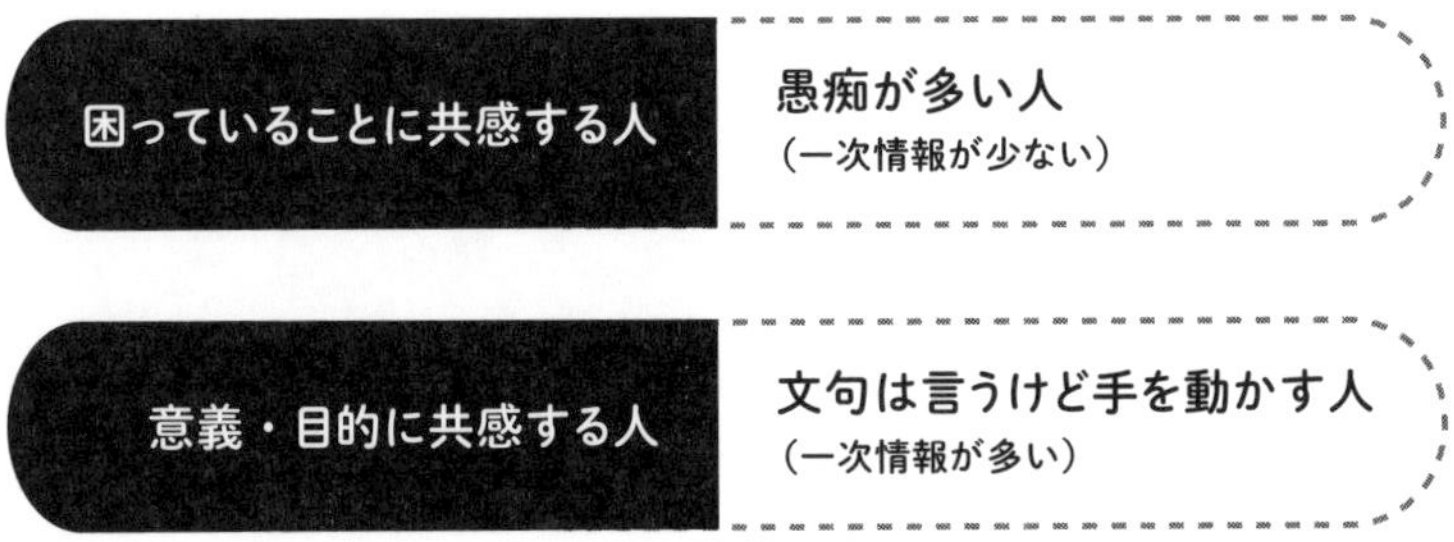

| 困っていることに共感する人 | 愚痴が多い人（一次情報が少ない） |
| 意義・目的に共感する人 | 文句は言うけど手を動かす人（一次情報が多い） |

「若くして上場した○○社の△△さんに、□□をしたらいいと教えてもらったことがある。だから、あなたもそうするといいよ」

実践によって血肉化された言葉は「一次情報」となりますが、他人の言葉の受け売りは単なる「情報」でしかありません。情報は、置かれている状況がその人とまったく同じであれば参考になりますが、ほとんどの場合、相手の状況と自分の状況は異なります。そのため、**情報だけだとネクストアクションにつながりません。しかも、他人の言葉を使う相手には、相談している側も共感が起きないので「ヨコの関係」になりません。**これは逆もしかりで、5章で述べる情報を受け取る際にも重要なポイントになります。

なお、こうした相談相手は、成功している人が言っていることはすべて正解だと思い込んでしまっている傾向があります。そして、教えてもらったことを検証することはなく、自分の頭で考えない。相談相手ならではの視点や意見が得られなければ、物事を前へ進めることはできないのです。

意思決定権が自分にない場合はどうしたらいいのか

企業や組織の一員として事業やプロジェクトを進める場合、自分がすべてを決めるわけにはいかないということもあるでしょう。その際に忘れてはいけない相談相手が、上司や役員、社長などの最終意思決定者です。

そもそも、自分が考えた目的や意義が、最終意思決定者の想定した目的や意義と合致しているとは限りません。せっかく時間をかけて物事を進めたあと、最終意思決定をする場で齟齬が生じて振り出しに戻ったら取り返しがつきません。事業のスピードは鈍化し、手間とコストばかりかかり、ローンチのタイミングを失ってしまうかもしれません。

意思決定権が自分にない場合には、見立て、仮説、計画のいずれの段階においても、早め早めに自分の言葉で最終意思決定者に相談し、相違がないかどうか確認しながら進めていきます。

直属の上司が最終意思決定者でない場合は、

「この案件はちょっと複雑なので、最終意思決定者である○○さんに方向性を確認したほうがいいと思うんですけど、どういう形で相談するとよいでしょうか？」

と上司に聞いたうえで、最終意思決定者に相談することをおすすめします。そうすると、上司とも事前に認識を揃えられますし、「自分を飛ばして上に話に行った」などと悪い印象を上司に持たれることもないでしょう。

最終意思決定者には、完璧な状態で提案しなければならないと考えている人も多いかもしれません。しかし、それも思い込みの場合がほとんどです。

相談の場をセットできれば、その場で見立てや仮説について相談できるというメリットもあります。意思決定者のさまざまな意見や情報を聞いておけば、見立てや仮説の精度が上がりやすくなります。

一人の相談相手にこだわらない

最後に、「誰に相談するか」を考えるうえで大切なことをお伝えします。
それは、**一人の相談相手にこだわらない**、ということです。

相談は、相手があって初めて成立します。つまり、こちらがいくら熱望しても、相手の状況次第で相談できるかどうかも変わってきます。いつも相談している人がたまたま忙しくて時間をとれない場合もあるでしょう。以前は自分のやりたいことに共感してくれていたのに、相手の環境が変わって距離が離れる場合もあります。

一人の相談相手にこだわっていると、断られたときに行動が止まってしまいます。止まってしまうと、ネクストアクションを見出すこともできません。

では、どうすれば断られても立ち止まらずに相手を探していけるのか。ここでも、2つの思い込みを外すことをおすすめします。

1つは、**ある領域や分野について自分より詳しい人は一人ではない**、ということです。「相談相手はあの人しかいない」。これも思い込みにすぎません。

もう1つは、**今すぐ相談できなくてもいい**、ということです。「この人に今相談できなきゃだめだ」というのもまた、思い込みです。繰り返しになりますが、人には出会うべきタイミングがあります。だからこそ、私は相談しようと思っていた人に相談を断わられたときは「今はタイミングじゃないんだな」と思うようになりました。この言葉が口癖になっているくらいです。

「そんな交流の幅も、時間的な余裕もないから困っている」と思われる方がいるかもしれません。しかし、だからこそ、**共感し合える「ヨコの関係」をどれだけつくれるかが重要になってきます。理想は、緩やかなつながりの中で相談できる人が数多くいる状態です。**そのために必要なことこそ、この章で述べてきたことなのです。

「仮説」「見立て」「計画」の各段階で、「気軽に相談できる人」「専門性が高い人」「多面的に見てくれる人」「相談のための相談ができる人」との相談を繰り返すこと。それができていけば、共感し合える仲間が積み上げ式に増えていくはずです。自分の価値観や新たにチャレンジしていることを理解してくれている人が、さまざまな分野、さまざまな世代に複数いる状態になっているでしょう。

緩やかな関係を構築するのは時間がかかりますが、積み上げれば積み上げるほど紹介の頻度が上がるため、仲間の輪が広がるスピードも速まります。また、共感がベースにあるので、一度できた関係性は長く続きます。結果的に、一人の相談相手にこだわらずに物事を前へ進めていける相談環境が整ってくるのです。

3章のまとめ

- 相談相手は、次の4つに分けて選ぶと一歩を踏み出しやすくなる。

  ① 気軽に相談できる人：
  見立て段階で相談する人

  ② 専門性が高い人：
  仮説段階で相談する「実践知が豊富な人」と「見識が広い人」

  ③ 多面的に見てくれる人：
  計画段階で相談する視野の広い人

  ④ 相談のための相談ができる人：
  思いに共感し、応援してくれる仲間

- 逆に「こちらの話をまったく聞かない人」「愚痴が多い人」「他人の言葉で語る人」には相談しないほうがよい。

- 最終決定権がない場合は、3つの段階それぞれについて早めに相談、確認していくことで進めやすくなる。

- 一人の相談相手にこだわらず、共感し合える「ヨコの関係」を広げていくことが、やりたいことの実現にとって重要。

4章

What

何を伝えるのか

相談において必ず共有すべき
3つのポイントとその伝え方

「あれ？　自分の話、うまく伝わっていないかも……」

準備を整え、相談したい相手とのアポもばっちり。タイミングもきちんと見計らって、いざ迎えた相談の時間。ところが、どうも期待していた話からそれていってしまう。相手も居心地が悪そうで、話が盛り上がらない。結局、相談したけれど次に何をやればいいかはわからなかった……そんな空振りに終わった相談を経験した方も多いのではないでしょうか。

実は、相談において「何を伝えるか」には、「型」のようなものがあります。

なぜ型が必要かというと、相談の場で適切にアドバイスをもらってネクストアクションを見出すため。裏を返すと、冒頭で述べたような、相談時にうまく伝えられず、ズレたアドバイスをもらっているケースが多いのです。これでは、お互いにとっていい時間になりません。

では、「相談で伝えるべきこと」とは何なのか。

それは、次の3つに集約されます。

- **目的：何のためにやるのか。**
- **原体験：なぜそれを自分がやろうと思ったのか。**
- **現在地：やりたいことに対して、今自分はどの位置にいるのか。**

1つめの「目的」は、5つの要素の「目的」と同じです。3つめの「現在地」は、「見立て」「仮説」「計画」の3つのうちどの段階にいるのかを指します。言い換えると、**この3つは未来に何を達成したいか、過去のどんなことがあなたを突き動かしているのか、そして現在何をどこまでやっているのか、に対応しています。**

「目的と原体験」を伝えることで相手に共感が生まれてヨコの関係になります。また、自分がどの「現在地」にいて、どんなアドバイスがほしいのかを相談相手に伝えることで期待感のミスマッチもなくなります。そして結果として、行き詰まりを打破するためのネクストアクションが見出しやすくなるのです。

本章では、相談時の伝え方について、「目的と原体験」と「現在地」の2つに分けてご説明します。

［図16］相談で共有すべき3つのポイントと効果

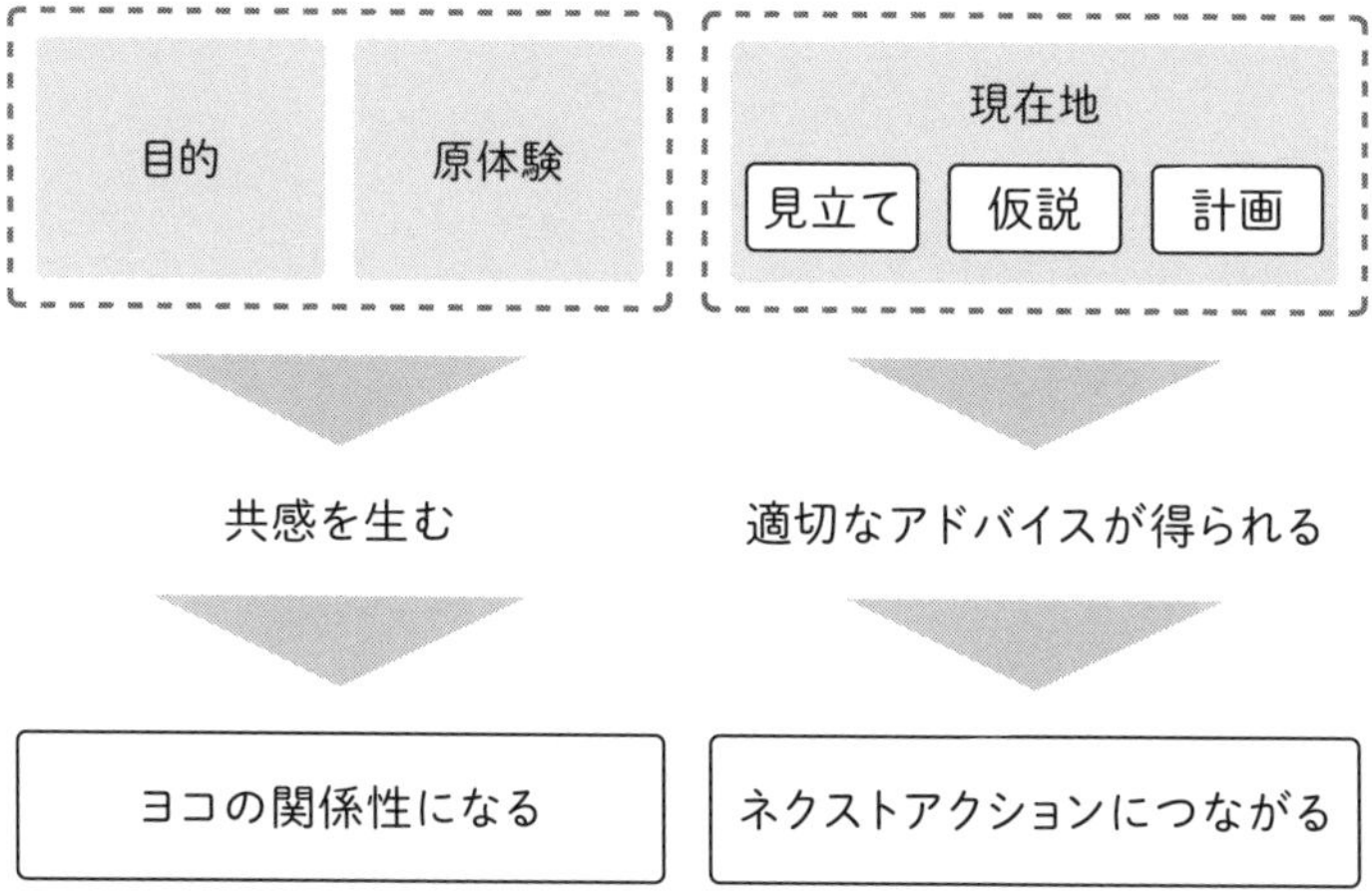

どんなときでも伝えるべき「目的」と「原体験」

目的を共有する――あなたはどんな未来を目指しているのか

相談される側にとって、最も困る相談は何だと思いますか？
正解を出すことを期待されているとき？
専門ではないことについて意見を求められたとき？
それとも、関係性が深くない知人の紹介を求められたとき？

確かにどれも困ってしまいます。

しかし、実は一番困るのは、相談に来た方のやりたいこと、つまり「目的」が曖昧なときです。相談者がこの先何をやりたいのかが具体的にわからなければ、

「あの話が役に立つかも」
「そういう目的なら、別の手段もありそうだ」

などといったことが思いつかないのです。目的が曖昧であればあるほど、相談相手はどう受け答えすると相手の役に立てるのか、わからなくなってしまいます。

相談の場でまず行うべきは、答えを求めたり、手段を質問したりすることではなく、できるだけ具体的に目的を伝えることです。

以前、私が受けた資金調達の相談を例に考えてみましょう。

ある起業家育成プログラムでメンターを務めたときのことです。このプログラムは、企業、ＮＰＯ・ＮＧＯ、研究機関、政府、自治体などセクターや立場を問わず、多種多様な主体者が交わり、次世代のリーダーを育むというもの。

ここで出会うのは、ビジョンをもっているリーダーたちで、数百人を超えるエントリーの中から選ばれています。ですが、こうした方々であっても、最初から目的を具体的に話せる人は意外と少ないです。

あるとき、私に相談したいという人がいるとプログラム事務局から連絡があり、個別の相談の機会が設けられました。2チームから相談を受けることになったのですが、さかのぼること2か月ほど前、私はその2チームの4分間のピッチを見ていました。

1つの事業をわずか4分間でプレゼンするので、かなり大まかな内容です。しかもプレゼンは2か月前のことなので、話の内容もぼんやりとしか覚えていません。

それにもかかわらず、相談の場でいきなり資金調達の話が飛び出しました。

「新株を発行して資金調達をしたいんです。合計3億円ぐらい集めたいと思っていますが、なかなかうまくいきません。どうしたらいいでしょうか？」

限られた時間を最大限活用しようという熱意からくるものだと思いますが、全体像が見えず、何を実現するための資金調達かがよくわかりません。ただ相談事項だけを淡々と説明され、矢継ぎ早に手段についての質問をされました。

もちろん、その相談内容だけ聞いて資金調達の手段についてコメントすることはできます。しかし、それがその人にとっていい選択肢かどうかはわかりません。目的や全体像がわからないと、意見や情報の精度が低くなってしまうからです。

先ほどの相談内容を見ると、新株の発行、つまりエクイティ・ファイナンスの一種が資金調達において最適だと思い込んでいるようでした。しかし、資金調達にはさまざまな選択肢があります。多くの企業は、エクイティ・ファイナンス、デット・ファイナンス（借入）、補助金を組み合わせながら、総額で必要となる資金を調達しています。この方も、場合によってはデッド・ファイナンスのほうがいいかもしれませんし、補助金を活用する手段もあるかもしれません。

「この人は、何のために課題を解決したいのか」

相談しに来た人が目指しているものが具体的にわかれば、ベンチャーキャピタルや事業会社からのエクイティ・ファイナンスなのか、金融機関からのデッド・ファイナンスのほうがいいのか、もしくはこの2つを組み合わせるといいのかなど、私なりの経験から言えることがあるかもしれません。

相談相手の経験や知見をうまく引き出すためにも、あなたがどんな未来を目指しているのか、すなわち「目的」をなるべく具体的に伝える必要があるのです。それがなければ知っている手段を適当に並べるだけになってしまう可能性があります。

自分から詳しい目的を伝えず、曖昧な話に終始してしまったら、相手からも曖昧な情報しか返ってきません。そのような相談ではネクストアクションが見出せず、立ち止まっている状況を打破し、物事を前へ進めることはできないのです。

原体験を共有する――あなたを動かす思いは何か

共有すべきポイントの2つめは、**「原体験」**です。**あなたがなぜそれをやろうと思ったのか、何に突き動かされているのか、というリアリティのある原体験を共有することで、相談相手からの共感がさらに得やすくなります。**

なぜなら、その人がやるべき理由が明確だと「この人であれば自分が共感した目的に対し、途中で苦しいことがあってもきっと実現するまでやり遂げてくれるだろう」と相手は感じるからです。共感を得るだけでなく、長く応援してくれる仲間になってくれます。

1つめに共有した目的は、過去の強烈な原体験から生まれるケースが多い。その原体験に基づく熱く強い思いを持った人に対し、多くの人は共感や応援の気持ちをもちます。

しかしそうお伝えすると、

「自分には原体験はないから……」

とよく言われます。ですが私は、**「原体験はつくれる」**と考えています。

私が日本の飲食店の海外進出をサポートする会社を起業したエピソードをお伝えします。

当時25歳の私は、ハワイに店舗を構える飲食店経営者に誘われて、初めてハワイを訪れました。観光客が多く、街も賑わっていたので、「儲かってるんじゃないですか？」と聞いたら、「全然儲かっていないよ。ハワイは怖い」という返事が。意外に思って何が怖いのかを聞いてみると、どうやらハワイにはジャパニーズプライスというものがあって、交渉に慣れていない日本企業が現地の建設会社や内装業者から不当に高い金額を提示されているというのです。中には資金確保ができず店舗をオープンできないこともあるということとがわかりました。

私が直接不利益を被ったわけではありませんが、すごく悔しい気持ちになりました。日本の食文化を海外に広めようとがんばっている人たちが苦しんでいる。モヤモヤした気持ちを抑えきれずに、2週間後にはハワイで日本の飲食店の海外進出をサポートする事業をつくり始めていました。フタを開けてみると、同じように苦しんでいる飲食店経営者は多く、私の「原体験」に共感してくれた人からの紹介に恵まれて事業は徐々に軌道に乗りました。ちなみに、私が支援させていただいた3人めの方が丸亀製麺を運営するトリドールホールディングスの粟《あわ》田《た》貴《たか》也《や》社長です。

原体験は自らが経験したものに限定する必要はありません。原体験はつくれるからです。実際、私自身には「海外進出で苦しんだ」という原体験はありませんでしたが、現地で悩んでいる人の話を直接聞いたことが私の原体験になりました。

さらに言えば、世の中には、自分で事業を思いついて実現に向かう人ばかりではありません。企業などの組織で、「与えられた」案件に取り組む人も少なくありません。

最初は、自分でやりたいと思ったわけではないかもしれません。それでも、実際にこのテーマで困っているのはどういう人なのかを自分の目で見てみようと思ってプロジェクトに入っていくと、困っている人に寄り添うきっかけになりますよね。

どのような事業やプロジェクトでも、自分ごとになれば、それは原体験と呼んでかまいません。こうした原体験は、相談の場で具体的な話として相手に伝えることができます。

なぜあなたがその事業をやるのか。これは相談される側が常に気にする点です。事業やプロジェクトを始めるきっかけとなったリアリティのある原体験を伝えられるかどうかによって、共感や応援の深さが変わってきます。

相談の目的はやみくもな手段集めではない

なぜ「目的」と「原体験」を伝えることが大事なのか。

もっと端的に言えば、**なぜ相談したい本題からいきなり入ってはいけないのか。**

それは、手段の話に終始してしまうからに他なりません。

目的や原体験を共有せずにいきなり本題に入ってしまうと、相談相手は、

「何を目指しているんだっけ」

「どうしてこの人はこの課題を解決したいと思っているんだろう」

ということがわからないまま答えていくことになります。

もちろんその状態でも答えることはできますが、それはあくまで手段の話。先ほどの起業家育成プログラムの例でご紹介した通り、相手にとって役立つ情報かがわからないまま、ただ聞かれたことに対する手段を伝えるだけになります。

目的や原体験の共有を飛ばした「相談」は、言ってみればやみくもな手段集めでしかありません。「何をしたいのか」を見失い、最初に目指していたものとはまったく別の道へと迷い込んでしまう恐れすらあります。

序章の「元気なお年寄りが町に増えてほしい」と願って始めた美容室の話を思い出してください。目的や原体験を共有して相談を行っていれば、ホットペッパーという若者を集客する手段に飛びついてしまうことも、そもそもそういった選択肢を紹介されることもなかったはずです。

見立て、仮説、計画のどの段階でも、目的と原体験の話を共有する。

この2つが共有されているからこそ、さまざまな手段について自分より詳しい専門性のある人に聞いたときも、具体的に話が広がっていくし、深まっていくのです。

「相手の時間を奪う」のは悪いことなのか？——相談時の思い込み①

では、なぜ「目的」と「原体験」の共有をしない人が多いのでしょうか。

そこには、次の3つの「思い込み」があります。

「相手は忙しい人なので端的に話をしないといけない」

「課題だけを伝えれば答えを教えてくれる」

「相手は自分のことを知ってくれている」

順に説明していきましょう。

「その話だったら、あの人に聞いたらいいと思うよ」

普段から人に相談しまくっている私は、他の人にも相談を勧めます。すると、よく返ってくるのが、こんな言葉です。

「え……時間とってもらえますかね？」

こんなふうに、「わざわざ時間をとってもらうのは悪い」と思い込んで、聞いてみる前から相談を遠慮する人はかなり多いです。私も、時折チームメンバーから「山中さんの時間をとるのは悪いと思って」と言われてしまうことがあります。

でも、私はいつもこうツッコミを入れてしまいます。

「まずは聞いてみたらいいんじゃない？」

実際に相談するとき、私は相談相手に対して「時間を使わせてしまう」とか「迷惑なんじゃないか」とは考えません。これは何も私が遠慮知らずだから、ではないのです。

相談は、一方通行のものではなく、双方向で行われるものです。こちらが迷惑かなと思っても、話してみたら、相手にとっては面白い話かもしれませんよね。

相談を投げかけていない状態で、相手にとって迷惑かどうかを判断することはできないと私は思っています。だから、相談をお願いした結果、相手から時間がないと言われたら、「忙しいときにごめんなさい。また時間があったらお願いします」と伝えれば大丈夫。

たとえそのときは相談が実現しなくても、気にかけてくれる人からは後々連絡があることもあります。しばらく経っても連絡がなかったら本当に忙しいということで、それならそれでいいと思います。たまたまその人のタイミングと合わなかったのだなと考えます。逆に相手が相談の時間をとってくれたのであれば、時間をつくってくれている時点で、相談者か相談内容に関心があるから時間を確保してくれているのだと考えます。ですので、「わざわざ時間をとってもらって申し訳ない」と思わずにリラックスして相談すればいいのです。

忙しい相手に相談をする際、端的に内容を伝えたら「よくわからない」と返された経験から、その相手への相談を躊躇してしまう人もいます。でも、そこには実は大事なシグナルがあります。相手にとって現時点では興味がないことがわかる、と捉えることもできますし、そもそも相談内容の伝え方が雑になっており、単純に相手によく伝わっていない可能性も考えられます。特に前者のような興味を持ってもらえていない人に時間をとってもらっても、話は広がりません。つまり、そもそも相談する相手ではない、ということがわかります。これも一歩前進と言えるのです。

このように考えたら、**相談内容が相手にとって興味があるのか、相談されて迷惑なのかは、相談相手に聞いてみないとわからない**、としか言えないんですよね。だから、先ほどのように「まず、聞いてみたら？」とツッコミを入れるわけです。聞いてみて、無理だったら無理でいいし、受けてもらえたらラッキー。ボールをまず投げてみて、それが次につながっていけばいいのです。ボールを投げる前に遠慮するのは、可能性を狭めてしまうのでとてももったいないな、といつも思っています。

人によって「共有範囲」を変えるべき？――相談時の思い込み②

相談するときに、「あの人には今すぐ解決したいことだけ聞こう」「この人には前提は飛ばして結論から話そう」などと、相談する内容の共有範囲を、相手によって変える人もいると思います。

しかし、この姿勢は自ら選択肢を狭めるようなもの。**勝手な思い込みで「これは話す」「これは話さない」と決めつけてしまうと、実りのある相談になりません。**

こうした思い込みは、「答えを求める相談」をする人に多く見られます。1章でもお伝えしましたが、「答え」だけを求めて相談していると、共感を得られず、手段の話に終始しがちです。そして相談された側からすると、手段の話ばかりする人に対しては、自分の情報や意見が相談者のためになっているのかわからず、「これでよかったのか……」と不安になります。結果的に相談に来た人のその後を応援する気にもなりづらい。

だからこそ、遠回りに見えるかもしれませんが、相談するときは事業の意義を感じてもらえるような目的や、何を大切にしているかが伝わる原体験を説明する必要があります。共感してもらい、同じ景色を見る関係になると、相談相手は、

「この人は、こういうことを大切にしているのか。だったら、あの話をしたら参考になるかもしれない。こういうやり方を伝えてみようかな」

というように、自分たちの状況を考慮してくれた、ネクストアクションにつながりやすい

意見や情報をもたらしてくれます。反対に、相談相手の理解や共感が浅い状態でもらった意見や情報は、自分たちにとって必要なネクストアクションにつながる可能性が低くなってしまうのです。

さらに言えば、目的や原体験はすべてオープンにし、共感を得て一緒に同じ方向を見るヨコの関係になると、そのときの相談ではネクストアクションにつながる選択肢が出てこなくても、後になって相談相手から声をかけてもらえるかもしれません。

「そういえば、○○さんはあのときこういう話をしていたから、こんな情報は役に立つんじゃない？」

「こんな集まりがあるけれど、以前話していたことに関連しそうだと思いました。一緒に行きませんか？」

こうして、相談相手が気にかけてくれて、何かあればその都度、情報交換ができる緩やかなつながりが増えていきます。

相談は、ある事業やプロジェクトについての相談が終われば、それで終わるわけでもありません。目的や意義をきちんと共有して、緩やかなつながりを育んでいくことで、思わぬところであなたを助けてくれる視点が得られるかもしれません。

相手は自分のことを本当に知ってくれている？――相談時の思い込み③

先ほどの起業家育成プログラムの話には、続きがあります。

事務局を通して相談してきた彼らは、「2か月前に4分ピッチで私に概要を説明したことがある」という前提で相談しに来ていました。つまり、彼らは自分たちの新たなチャレンジに関する内容を私が「知っている」と思い込んでいるのです。

彼らとしては、おそらくこう思っていたのでしょう。

「もうすでに説明しているから、何度も同じ話をするのは相手の時間を奪うことになって失礼になる」

「相談を受ける立場にいる人は経験豊富だから、前提を説明する必要はなく、本題から入ったほうがいい」

つまり、「過去に話したことがあれば、相手はそれを知っている」という前提に立ってしまうのです。

これは大きな勘違いで、思い込みの一種と言えます。

相談するときは、相手が自分を知っている前提ではなく、自分のことなど知らないという前提で話を始めたほうがいいのです。

人間は忘れる生き物です。わずか4分間で説明を受けた内容を、2か月後も正確に把握できている人はそう多くないはずです。しかも、そのときのピッチで説明を受けたのは、8チーム。そもそも全部を覚えるのは難しいところです。

私が彼らの立場であれば、おそらくこう言うと思います。

「2か月前にピッチでご説明しましたが、他にもチームがあり、わずか4分間だったので概要しかお伝えできませんでした。まずは、私たちの思いと事業の目的をご説明したうえで、資金調達についてご相談させていただいてもよろしいでしょうか」

このとき、仮に相談相手が記憶力のずば抜けた人で「いや、覚えているから説明はいらないよ」と言われたら、本題に入ってもいいと思います。

ただ、ビジネスは生き物です。2か月前に説明した内容と、現在の状況に変化がないはずがありません。周囲の環境も、2か月もあれば変わっているはずです。

いくら「改めて説明は必要ない」と言われても、私だったらこう言います。

「覚えていてくださってありがとうございます。ただ、前回のピッチから2か月で私たちの事業もかなりアップデートしています。そのアップデートされた部分を5分ぐらいでご説明したうえで、本題の相談に移ってもよろしいでしょうか」

正直に言えば、どれだけ記憶力のある人でも、完璧に2か月前のことを覚えている人は少ないと思います。曖昧なまま相談しても、曖昧な情報しか返ってきません。それを避けるためにも、重要なポイント、アップデートした部分については、できるだけ共有するようにしたほうがいいでしょう。

「相手は自分を知らない」前提に立つことは、私だけの考えではありません。

この起業家育成プログラムには、私以外にもメンターがいますが、その人たちも同様のことを言っていました。

「みなさん、もう少し相談のやり方を工夫するといいと思います」

数百人の中から選ばれた、想いも行動力もある人たちですら、「目的」や「原体験」、アップデートされた情報などの前提の部分を端折る人が意外と多いのです。

その後、このプログラムでは、1時間の相談の場合、はじめの15分から20分で事業の目的や経緯、現状、アップデートした部分などを説明してから本題に入るという進め方にしようと周知されました。そしてそれ以降、彼らの相談を受ける度にメンターの共感が増し、より一層彼らの活動が後押しされるようになりました。

相談相手には、常に最新の状態を理解してもらうことが大切です。そのために、一度相談した相手でも、少し期間が空いていれば重要な部分とアップデートした部分だけでも相談の場の冒頭で摺り合わせしましょう。

「何度も相談し合える関係性」を大事にする

「相談は同じ相手に1回したら終わり」

そんなふうに思っている方もいるのではないでしょうか。

確かに、私自身の感覚としても同じ相手への相談は、1回で終わることが7割。その多くは有意義な相談です。だから、1回目にしっかりと目的と原体験を共有できていればOKだと言えますし、もし2回目以降があったとしてもコンパクトにまとめて共有すれば問題ありません。相談する側のフェーズも変わっていくので、その度に相談相手が変わるのは、合理的だとも言えます。

しかし、**「相談の7割は1回で終わる」ということは、裏返すと3割は何度も相談できる関係性になるということ。**何度も相談できる相手とは、前章で述べた、見立てから相談し合える「気軽に相談できる相手」のことです。

誰が、いつ、気軽に相談できる相手になるかわからないからこそ、1回1回の相談で丁寧にヨコの関係性を耕してください。

私自身、気軽に相談できる関係性には数えきれないくらい助けられてきました。

たとえば、2章でも述べた淡路島でのまちづくりのときがまさにそうです。当時の私は、1店舗単位の小規模開発ではなく、5億～20億円程度の中規模での地域開発をしたいと思っていました。商圏をつくることができると、地元の事業者、地元以外の事業者がそのエリアで新しくビジネスを始めやすくなる。そうすると、多くの人が集まり地域活性化につながると考えたからです。資金集めの難度が高いため、国内での事例が少なかったのですが、もしうまく仕組みをつくれたら他の地域でも応用できると思い、力を入れようと相談相手を探し始めました。

しかし、肝心の相談相手がなかなか見つかりません。事例があまりないということは実践している人が少ないということでもあります。そこでどうしたかというと、目的と原体験をとにかく共有していろいろな人に相談して回っていました。

知り合いに誘われたある地方創生のイベントで、塗矢《ぬりや》眞介《しんすけ》さんという方と出会います。いつものように目的と原体験を語ると、「まだまだ事例は少ないですが、地方を活性化するための中規模地域開発の仕組みが世の中に広がるといいですね！」と共感してくれたのです。

初めての援護射撃にうれしくなって聞いてみると、実は塗矢さんは地方創生のためには金融を勉強しないといけないと考え、金融機関でキャリアを積んだ後に起業した人物。まさに私がやりたいことを相談できるドンピシャの相手だったのです。

淡路島のまちづくりという目的を実現するため、塗矢さんには20〜30回は相談しました。そのなかで、仮説・検証のサイクルを回し、5つの要素をつなぎ合わせて計画へと昇華させ、実現へとこぎつけることができたのです。

いまでは、お互いにいつでも何度でも相談し合える関係になっています。

「現在地」ごとに伝え方はこう変える

現在地を共有する――今あなたはどういう状態なのか

目的、そしてあなたを突き動かす原体験を共有できたら、そこで初めて自身の事業やプロジェクトについての話が始まります。その際に重要になるのが、**今あなたはどういう状態なのか、すなわち「現在地」を相手にきちんと伝えることです。**

現在地とは、見立て、仮説、計画の各段階のこと。

この3段階のどこに自分がいるのかを知ることが、いい相談につながると序章でお話ししました。実は、「何を伝えるか」も、3つの段階のどこにいるのかによって変わってきます。

相談の場で話を切り出す際に、いきなり事業の細かい話をしてしまうと、相手はあなたが今どういう状況なのかがわかりません。

「見立て」「仮説」「計画」のどの段階にいるのかを共有することで、相手はこちらの状況を考慮したうえで意見や情報を話せるようになります。現在地をきちんと共有することで、相談される側の回答が変わってくるのです。

見立て段階での伝え方

見立てしか持たずに相談すると、言えることは次のようなことだけ、ということがほとんどです。

「漠然とですがこんなことをやりたいんです」

「わかる範囲で調べたらこれがよさそうだと感じました」

「こんな面白いアイデアを考えています」

一次情報をとって検証していない思いつきのアイデア、もっと言えば妄想なので当然ですよね。

すると、自分の考えが整理されてない状態で伝えられても相談相手は困るだけじゃないか、と思われるかもしれませんが、そうではありません。抽象的だったり、まとまりがなかったりしても、見立ては相談の「起点」だからです。

物事を進めていくときには、必ず起点が存在します。起点となるアイデアをしっかり共有することで、相手は「なぜこの人は今これをやろうとしているのか」「なぜ今そう思っているのか」という相談背景がわかるため、ツッコミを入れやすくなります。そうしたツッコミをもらえたらしめたもの。それこそが、ネクストアクションへのヒントになるのです。

序章で、私が初めて開いた居酒屋の話をしましたが、あのときの見立ても、「居抜きで店を出すと安く済みそう」

という「妄想レベル」のものでした。

でも、この見立てを相談するなかで共有すると、「店内を壊すのにはお金がかかるよ」「改修箇所が多いと高くつくよ」など、いろいろとツッコミをもらえて「居抜き店舗は購入金額は安いが、内装などオプションにこだわると改修費がかかるので結果的にお金がかかる」とわかったわけです。**考えが整理されていない見立て段階であることを伝えたうえで、妄想レベルの思いつきやアイデアを相談する。そうすると、前段で共有している目的や原**

体験と照らし合わせて相手にツッコミを入れてもらえるのです。私の場合は、こうしたツッコミすべてが、居酒屋開店に向けてのネクストアクションへとつながっていきました。

目的と原体験が、見立てを引き立てる

曖昧な見立てしかないときほど、目的と原体験を共有することが効いてきます。ただ「こうしてみたいんです」と切り出すよりも、

「私はこういうことをやりたい。なぜなら、こんな目的と原体験を持っているからです。全然整理できていないですが、こんな手段や方法がいいと思っています」

と言ってもらったほうが、相談相手はネクストアクションにつながるツッコミも入れやすいし、共感もしやすいですよね。曖昧な状態で伝えるのは相手に失礼では……と思わずに、**現在地をありのまま伝えることがポイントです。**

目的は明確にしたうえで、手段は曖昧でもいいから、いくつも持っておく。それを相談の場で言語化して伝えていくことで、さまざまな意見や情報が得られるようになり、見立てを検証していくことが可能になります。

「見立て」はカテゴリー分けしておく

見立ての段階では、整理されていないことを伝えたうえで相談する、とお伝えしましたが、それでも「相談前に整理しないと相手に申し訳ない！」と思う方のためのテクニックをお伝えします。

私には、いくつか見立てを考えたらカテゴリー分けをするという習慣があります。どんなカテゴリーかと言うと、次の４つです。

「自分でできること」
「自分ではできないこと」
「すぐにできること」
「今すぐにはできないけれど、あとでやったほうがいいこと」

そしてこれらのカテゴリーを「誰がやるか」「いつやるか」で分類しておきます。そうすることで、相談する場面で次のように話すことができます。

「○○という課題に対し、私は△△をしたら前へ進められるかもしれないと考えています。

そのなかで、自分が今すぐにできることとして、次の3つのアクションがあると思っています」

「ところが、次の□□のアクションに関しては、誰かに協力していただかなければできません。社内やチームでも考えましたが、誰に相談すればいいのか見えていないことが課題です」

自分自身の考えを整理する意味でも、見立てはカテゴリーに分けておくと相談内容を切り出していくときに便利です。

ただし、便利に見えるカテゴリー分けですが、これも手段の1つにすぎないということに注意してください。カテゴリーにとらわれて立ち止まって、頭の中でいくら考えても仮説段階には移行できないからです。

だから、見立てを思いつくままにぶつけることに抵抗がない人はぜひそうしてくださ い。また、どうしても整理したうえでないと相談しづらいという人も、見立て段階においては整理する時間は極力減らして、相談までのスピードを速めることをおすすめします。

仮説段階での伝え方

見立てが「こうしてみたい」という段階ならば、仮説とは「やってみたらこうだった」という段階と言えます。

行動したことで、見立てに一次情報が加わり、行動と検証のサイクルが回り始めている段階です。「目的」「顧客」「商品・サービス設計」「マーケティング」「制約」の5要素それぞれについて、相談と行動を繰り返すなかでやりたいことの解像度が上がってきている頃合いです。

この段階での一番の「敵」は、ある種の「見栄」のようなものと言えます。

つまり、いいところばかり見せようとしたり、わかっているアピールをしたりすると、今の自分の状況が相手に正確に伝わらず、本当はもらえていたはずの貴重な情報や意見が手に入らなくなってしまうのです。

いいところを見せたい気持ちはわかりますが、そこはぐっと抑えて、いいところだけでなく、課題やうまくいっていないことも伝えるようにしましょう。

ポイントは、「可能性と課題」「うまくいったこととうまくいかなかったこと」は必ず両方伝えること、そして事実と目的は「9：1」で伝える、という3点です。

「可能性」と「課題」の両面を見る

相談の場では、可能性と課題の両面を伝える必要があります。**ポジティブな面だけでな**

くネガティブな面、メリットだけではなくデメリット、前へ進める話だけでなく起こり得る課題なども伝えて、それぞれ比較しながらディスカッションすることで、より解像度が上がるからです。

たとえば「顧客のリピートを促すためにはDMを打つことが効果的である」という仮説について相談するとします。顧客にDMを送ると、リピート購買につながるなどの「可能性」がある一方で、やりすぎて迷惑だと思われるという「課題」もある。その両面を伝えたうえで自分が立てた仮説について相談すると、思いもしなかった新たな可能性が広がったり、逆に考えていなかった課題に気づけたりします。それがネクストアクションにつながっていくのです。

何度も仮説検証をしていくと、「もうこれしかない」という思い込みにとらわれがちです。人間には、計画通りに進めたいし、思い通りにやりたいし、失敗をしたくないと考える傾向があります。だから、自分の見立てや仮説は正しくなければならないという無意識の思い込みがあるものです。

しかし、相談は思い込みを外すための機会なので、見立てや仮説が変わることはむしろ歓迎すべきこと。自分が立てた仮説には見えていないところがある、という意識を持ったうえで相談に臨んでみてください。そうした見えていないところに気づくためにも、可能性と課題の両面を伝えることが重要です。

曖昧な言葉ほど自分と相手の意図を確認する

世の中でよく使われている言葉には、意味が曖昧だったり、人によって使い方が違ったりするものがあります。

たとえば、ビジネスでよく使われる「クリティカル」という言葉があります。クリティカル・パスやクリティカル・シンキングなど、クリティカルというカタカナ英語がビジネスシーンで使われるケースをよく耳にします。本来の意味は「危機的」「重要」ですが、他にも「批判的」という意味で使われることがあります。

相談の場では、相手と自分の意思疎通が不可欠です。曖昧な言葉は特に、どういう意図で使っているかを確認しなければなりません。でないと、誤解したまま話が進んでしまうのです。

だから、私は相談する際には言葉の意図を補足するようにしています。

「私が使った○○と言う言葉は、ここでは△△という意味で使っていますが……」

日常的に使っている言葉であっても「伝わるはずだ」という思い込みを外し、相談相手との間で認識がズレていないか、気を配ることが重要です。

「うまくいったこと」と「うまくいかなかったこと」を伝える

仮説と検証を繰り返すプロセスで具体的な行動が増えてくると、うまくいくこともありますが、同時に必ず失敗や挫折がついてきます。そもそも「仮説」なので、すべてがうまくいくものではありません。

この「うまくいかなかったこと」を相談の場で伝えることがとても大切です。包み隠さずにオープンにしてくれる人のほうが信用され、応援されやすいこともありますし、何よりもうまくいかなかったことの中にネクストアクションにつながる重要なヒントが隠れている場合が多いからです。

しかし、「自分をよく見せたい」「評価が下がるのが怖い」「バカにされたくない」などの思いからか、うまくいったことしか話さない人が意外と多いのも事実。こうした自分の「見栄」を気にしていると、相手に伝える情報が削ぎ落とされてしまい、ありのままの状態が見えづらくなります。結果、せっかく相談したのに思い込みから抜け出せず、ネクストアクションが見つからない、なんてことになりかねないのです。

率直に言いましょう。**「うまくいかなかったこと」を伝えることを怖がる必要はありません。**すべてがトントン拍子に進む事業などありません。うまくいったことの連続だとしても、たった1つのうまくいかないことですべてが崩れ去ってしまうこともあります。そのことは、事業の経験を積んだ人であれば、身に沁みてわかっています。

相談される側も、さまざまな手段で行き詰まりを乗り越えてきたはず。だからこそ相談相手に伝えるべきなのは、

「それをいかにして乗り越えようとしたか」
「そのためにどのような行動をしたか」
「自分だけで考えず、周りの人の知恵をどう活用したか」

などといった、**うまくいかないことが起こったときにどんな行動をしたかです。**

それが伝わることで、相談相手も、「そうか、ここまではやったんだ。その失敗は似た経験があるので、アドバイスできそうだ」と今の状況に適したフィードバックができるようになります。

うまくいかなかった経験から「ネクストアクション」を洗い出す

さらに言えば、**うまくいかないことをオープンにすることで、自分ができないことや自分の苦手なことを知ってもらうことができます。**そこから、自分の苦手な部分を補ってくれる情報、助けてくれる人、リスクに対応する手段などをアドバイスしてもらえる可能性が生まれてくるのです。

そうしたアドバイスを実行、検証することで自分の血肉にする。すると、自分の苦手な部分を補うことができます。もしかしたら、そのことがきっかけで強みに転化できるかもしれません。

裏を返すと、うまくいかなかったことを隠し続けると、自分の苦手分野を持ったまま前へ進むことになります。手がける事業が徐々に大きくなり、責任ある立場に置かれたところで苦手分野が露呈すると、大きなミスになり取り返しがつかない事態に陥ることもあるかもしれません。また、うまくいかなかったからやらない、という姿勢でいると、選択肢がどんどん狭まっていってしまいます。

重要なのは、うまくいかないことが起こったときに、本来であればやっておく必要があった選択肢に気づくこと。どのようなアクションをすべきだったのか。そのアクションをしていたら、うまくいく可能性があったのか。それらについて、検証する必要があるということです。

残念ですが、うまくいかなかった経験を客観的に振り返ることを当事者だけで行うのは困難です。だからこそ、相談することで第三者の目に触れる。そう考えると、うまくいかなかったことを明らかにすることが、物事を前へ進める原動力になると言えます。

うまくいかなかったら、うまくいくようにするにはどうしたらいいかを考える。
そのために、あらゆる人の知見を、相談を通じて手に入れる。
それを検証し、その時点でやれることをやる。
それでもうまくいかなかったら、相談を通じて別の視点や選択肢を手に入れる。

うまくいったら、さらにうまくいくようにするにはどうしたらいいかを考える。
そのために、あらゆる人の視点や選択肢を、相談を通じて手に入れる。
それを検証し、その時点でやれることをやる。
それでうまくいけば、さらにうまくいくようにするにはどうしたらいいかを考える。

ビジネスとは、なかば永遠に続くプロセスに身を置き続けるということです。
大事なのは、その歩みを決して止めないこと。**うまくいかないことを隠すのは、歩みを**

止めてしまうことに他ならないのです。

「事実9割・目的1割」の比率で伝える

仮説段階では具体的な行動によって手にした一次情報があるため、相談する際にはこれからやろうとしている目的ではなく、やっている事実をぜひ重点的に伝えてください。

「最近、こういうことをやりました」

「こういうところへ行ってこんなことを見聞きしました」

「こういう経験をして仮説がアップデートされました」

実際に行動して得た一次情報はリアリティがあるので興味を持ってもらいやすい。しかも、具体的な状況がイメージできるので話は盛り上がり、相談の場は実りあるものに変わっていきます。具体的な行動から生まれた新しい仮説を伝えていかなければ、この段階では相談相手の共感が得られません。

「やりたいことを実現するために、具体的にどんな行動をしたのか」

「目的に向かっていくプロセスで、今はどのような場所にいるのか」

「そのために、どのような体制を整えているのか」

「これまでの課題と、それに対してとった検証プロセスはどのようなものか」
「その結果、現在はどのような課題が新たに生まれたのか」

理想を描いたうえで、具体的、かつ現実に起こったことで話を進めていかなければ、解像度はいつまで経っても上がらず、物事を前へ進めることはできません。しかも、いつまでも実態が伴わなければ、相談相手からの共感は薄れていきます。

あくまで感覚になりますが、仮説を持ち込む相談の場では「事実9割、目的1割」という意識で臨むといいと思います。

1章では「共感し合う関係性」についてお話ししました。本章でも目的を共有することの大切さに触れましたが、これらの話と「目的1割」は矛盾すると思われるかもしれませんので、少し補足しておきますね。

相談は、一人につき一度すれば終わりというものではなく、継続的に相談することも少なくありません。相談を重ねる度に共感は強くなり、応援し合う仲間になることで物事をより前へ進めやすくなるからです。

では、どうすれば相談相手と継続的に応援し合う仲間になれるのか。最大のポイントは共感です。

　自ら行動を積み重ねて得た血肉化された事実に触れることで、相手の中で共感が生まれ、この人のために何かしたいという気持ちが育まれていきます。だからこそ、相談の場では事実をしっかりと盛り込んでいくことが重要なのです。リアリティがなければ、相談相手は具体的にイメージできず、共感ポイントを見つけられません。

　そうなると、相談相手はまた話をしたいとは思えなくなる。こちらが望まなくても、一度きりの相談になってしまう可能性が高まってしまいます。

　これは目的や原体験を伝える際にも意識しておくと有効です。事実ベースで話を進めることで、相手が共感してくれる可能性が高まります。

［図17］一人に継続して相談するときの「目的」と「事実」の使い分け

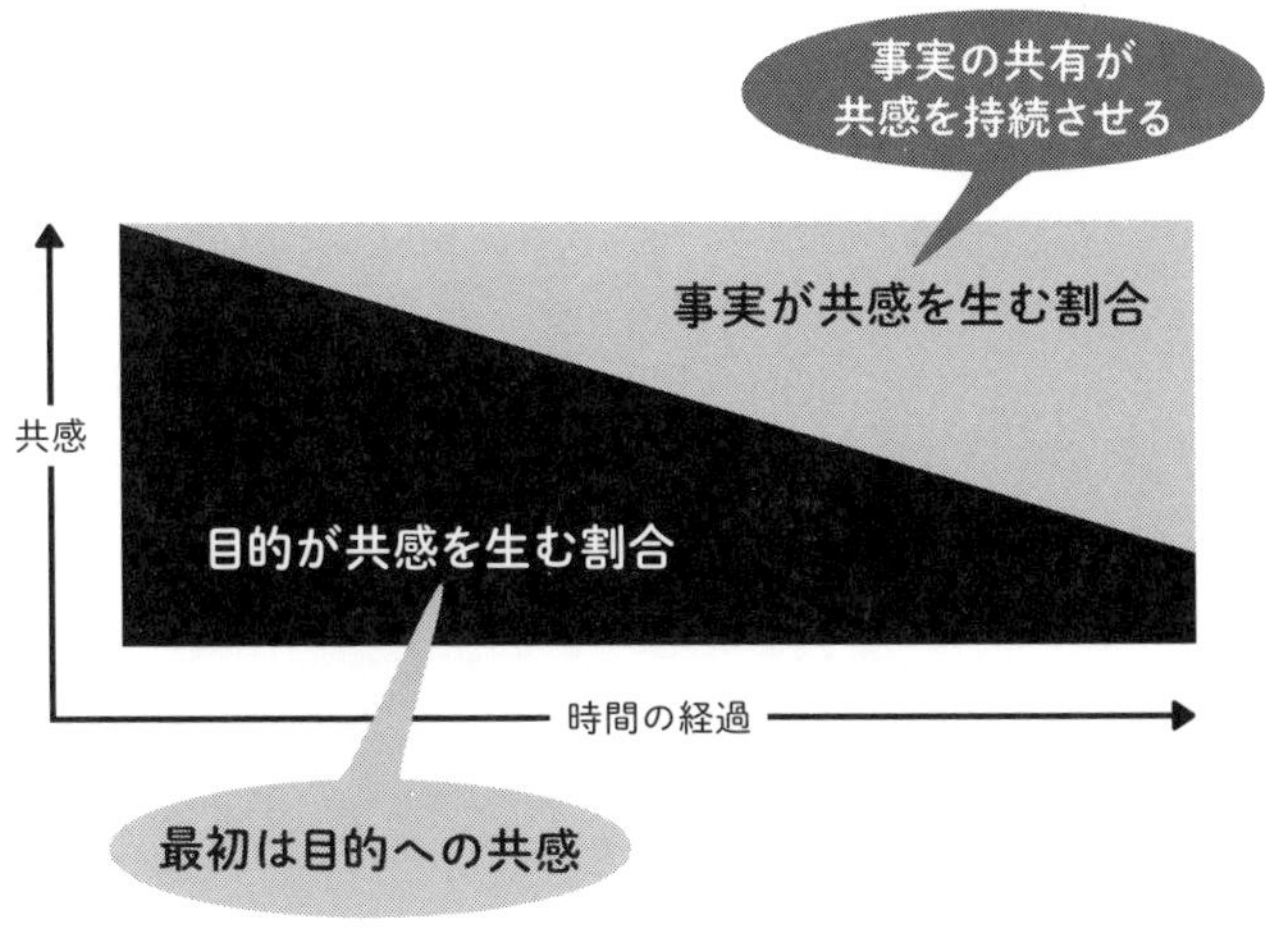

計画段階での伝え方

仮説の検証を繰り返し、5つの要素が一貫性のあるストーリーラインでつながっていくと、いよいよ計画段階。やりたいことの実行まであと少し、というタイミングです。

仮説段階の「敵」は見栄だと書きましたが、この段階で気をつけるべきことは「盲点」です。事業やプロジェクトの計画段階においては、全体を説明する資料がつくり込まれています。一見、完成度は高くても、注意すべき点があります。その資料で表現されているのは、「現時点で自分が認識していること」だけである、という点です。もっと言うと、自分が認識できていない「盲点」があるということを認識しておかなければなりません。

どんなに優秀な人でも必ず得意不得意があります。具体的には、「目的」「顧客」「商品・サービス設計」「マーケティング」「制約」の5要素の中でも不得意な領域があるということです。

「目的は具体的で共感を誘うが、マーケティングのKPIが目的と合致しない」

「画期的な商品・サービス設計だが、誰が喜ぶのかよくわからない」

「顧客と商品・サービス設計は一貫性があるが、目的とはそぐわない」

計画段階にあるということは、それまでに数多くの相談を繰り返しているはずですが、受け取った意見やアドバイスがすべて計画に入っているわけではないと思います。人には、不得意なことに関しては無意識に、わからないまま放置したり、わかったつもりになって曖昧なまま物事を進めていたりする傾向があるからです。

だからこそ、**計画段階においては、自分が立てた計画における5要素の「盲点」だけではなく、一貫性についても「盲点」がないか仮説・検証するための相談をしてください。一貫性のつながりを太くするイメージです。**

また3章では、この段階では多面的に見てくれる人に相談するとお伝えしました。当事者として一生懸命進めれば進めるほど、目の前のことに集中して視野が狭くなりがちです。

そして、「こうかもしれない」という見立てから、「こうだった」という仮説を経て、「こうに違いない」という計画になる段階では思い込みが強化されます。つい、計画通りに進めたくなりますが、計画通りが正しい道とは限りません。自分が気づいていない「盲点」に気づくためにも、多面的に指摘をくれる人に相談するといいと思います。

丸亀製麺はなぜ「手づくり」にこだわるのか？

一貫性のあるストーリーの力、そしてそこからブレずに計画を進めることの重要性を感じさせてくれるのが、丸亀製麺のケースです。丸亀製麺は、「打ち立て・できたてのおいしさ」を掲げ、すべての店舗で粉から麺を打っています。

「なんで手づくり？　効率が悪いのに」

ハワイのワイキキ店への進出をお手伝いしていたときには、私自身もそんなふうに聞かれたことがたくさんありました。

当時、丸亀製麺を運営する株式会社トリドールホールディングスの創業者である粟田社長が目指していたのは、「日本に根づいた食文化を世界に広めること」。低価格でヘルシーなうどんを、老若男女問わず楽しめるような店舗を展開しています。そのなかで大切にしていたのは、「大衆性」です。粟田社長が言う「大衆性」とは、お腹が空いて家に帰ってきたときに、豪華じゃなくても炊き立てのご飯1杯とお味噌汁、おかずが一品あるような食卓です。つまり、眼の前でつくられたできたてのご飯が食べられることが重要。だからこそ、「打ち立て・できたてのおいしさ」を商品・サービス設計のこだわりにしていたのです。

海外初進出であるハワイでも「大衆性」という目的は貫きました。一方で、海外店舗ということで大衆性が「制約」にもなりました。つまり、日本の大衆性とハワイの大衆性は当然違うからです。観光立国であるハワイにはさまざまな国の人が来る。そこで、日本になじむ味ではなく、ハワイでなじむ味にするべくテストマーケティングを実施した結果、「カリっとした衣の天ぷらうどんを食べてコーラを飲む」というハワイならではの大衆性を実現することができたのです。もちろん、「打ち立て・できたてのおいしさ」はそのままです。

こうして「目的」「顧客」「商品・サービス設計」「マーケティング」「制約」の5要素の一貫性を保った結果、２０１１年のオープン以来、10年経った今でも丸亀製麺全店舗の中で世界1位の売上を上げ続けています。**一貫性のあるストーリーの力が強いブランドを育むのです。**

計画段階のカギは「いかに相手に違和感を察知してもらえるか」

ストーリーとしての魅力を追求する一方で、気をつけるべきことがあります。

計画段階では、一貫性があるために「それっぽく聞こえる」ように伝えることができます。しかも、仮説の検証を回すなかで経験値が貯まっているので、「それっぽさ」に拍車がかかります。相談の場でも、あたかも「決定事項」かのように伝えてしまっている人を見かけます。

決定事項のように聞かされると、相談された側としても非常にコメントしづらくなります。実際のところ、相談されているはずが、あまりにも堂々としてプレゼンを聞かされ、「そうなんだ」「すごいね」で終わってしまったという話もよく聞きます。

むしろ計画段階でやるべきは、自分が描いたストーリーに違和感がないか、抜けている視点がないかを聞き出すこと。だからこそ、計画段階では「多面的に見てくれる人」に相談すべきなのです。「一歩下がる質問」ができる人は、5つのつながりの小さなズレのようなものをきちんと指摘してくれます。

「アップデートできる余白はあるので、ぜひ気になることを教えてください」

こんなふうに伝えると、見えていなかった課題が見えてくるようになります。

必ず確認すべき「可能性」と「リスク」

計画でつないだ5つの要素に潜むズレを指摘してもらうための具体的な方法として、**「可能性」と「リスク」を深掘りして聞くことが有効です。**

可能性を聞くには、

「もっとこうしたほうがいいというものがあれば教えてください」

「もっとこんな方法があるのでは？　という点でアドバイスください」

と相談相手に質問を投げかけること。自分では見えていない視点からの意見が出やすくなり、新しい選択肢が見えてきます。

リスクについて聞くには、

「自分が気づいていないヒト・モノ・カネについてリスクがあれば教えてください」

と質問をすると効果的です。

大事なのは「可能性を閉じないこと」と「リスクを受け入れる余白をつくっておくこと」。特に事業をする場合で計画段階の盲点を潰していくときには、リスクを確認するのは非常に重要です。たとえば、

「その商品・サービス設計をするならこういった人材がいないと回らないよ」

「仲間が10人を超えたら、こういう点で運営が厳しくなるから気をつけて」

「成長フェーズにあわせて資金調達先を変えないと、借入が難しくなるよ」

といった実践している人だからこそわかるリスクは、計画の実行前ではわからないものです。あらかじめ実行後に起きることにまで視野を広げておくことで、**リスクを受け入れる余白**を持てるようになります。

さらに言えば、ヒトの話はみんな後回しにしがちです。

物事を前へ進めるうえで目に見えやすいカネとモノは、計画の中に織り込まれていることが多いです。

一方、ヒトへの問題意識は低いことがほとんど。後回しにしたがゆえに、事業は成長したけれど、ヒトがついてこなくて失敗することはよくある話なので、計画段階でリスクを確認することが大事になります。

いついかなるときでも「目的」の共有が最優先

学生全員が起業を目指す情報経営イノベーション専門職大学（ｉＵ）で、学長と対談したときのことです。

最後の質疑応答の時間で、ある学生から相談がありました。

「１年ぐらい事業アイデアを考えているのですが、サービスが定まらないんです」

なぜ定まらないのかを聞くと、

「事業プランを考えていますが、顧客が絞れません……」

という返答が。聞けばこの学生はいろいろな人に相談をするなかで「誰に向けたサービスか考えなさい」と言われながら、絞り切れずに行き詰まっている状況。続けて彼は話します。

「いろいろな人にこのサービスを届けたいんです」

それに対して私は、さらに深掘りして聞きます。

「そこに答えがあるのかもしれませんね。3年後にいろいろな人に届けるために1年目の現時点における優先順位をつけるのはどうでしょうか？ サービスをローンチしたら、今日にでもお金を払って使いたいという人はいますか？」

「……」

答えられなかったので、別の質問をしました。

「そのサービスの目的はなんですか？」

「……」

その学生は、一瞬言葉に詰まった後、いろいろな言葉を並べましたが、どれもが曖昧でした。「目的」が定まらなければ「顧客」が決まりません。顧客が決まらないと「商品・サービス設計」も決められないのです。目的が明確にならないまま、計画を実行しても必ずうまくいきません。5つの要素は決める順番も大切です。最初にくる目的は最も重要で、だからこそ相談においても真っ先に伝えるべきものなのです。

実際、その学生は「目的」を定めることでコアターゲットがすぐに決まりました。どこから決めたらいいのかがわかると、その後は早いのです。

このケースを見て、学生だから、と思われるかもしれません。ですが、実はこのように曖昧なままサービスローンチ、または商品の発売を迎えるケースは、企業においても頻繁に発生しています。

目的が曖昧だと顧客を絞ることに対する「恐れ」が出やすいのです。だから、目的をぼかし、顧客を広くとってしまう。対象者は、広いほうが「楽」だからです。

私は、やっぱり、こう伝えます。

「目的はなんですか？」と。

5つの要素のうち、目的が最も重要で、他の4要素は目的ときちっとつながっている必要があります。計画段階で聞くべきは、そのつながりを確認することに他なりません。

そのためにも、見立て、仮説の段階だけではなく、計画の段階でも、目的の話がぼやけていては正しく現在地が伝わらないのです。**目的が伝わっていれば、5つの要素のどこに一貫性がなく、違和感があるかを相手も把握しやすくなるのです。**

4章のまとめ

- 相談時に何を伝えるかには「型」があり、それは「目的」「原体験」「現在地」を伝えることである。
- 目的、すなわちあなたがどんな未来を目指しているかが曖昧では、相談相手も答えようがない。できるだけ具体的に目的を伝えることが重要。
- 原体験は、実はつくることができる。自分ごと化して伝えることで、共感してもらいやすくなる。
- 目的と原体験を伝える際には、次の3つの思い込みに注意。

  ①「相手の時間を奪う」ことは悪い
  ② 人によって話すことを変える
  ③ 相手は自分のことを知っているはずだ

- 現在地、すなわち「見立て」「仮説」「目的」のどこにいるのかを伝えることで、相談される側は的確な情報を話せるようになる。
- 見立ての段階では、臆することなく現状をありのまま伝えることが重要。
- 仮説の段階では、次の3つを意識するとネクストアクションが見えてきやすい。

  ①「可能性」と「課題」の両面を見る
  ②「うまくいったこと」と「うまくいかなかったこと」を伝える
  ③「事実9割・目的1割」の比率で伝える

- 計画の段階では、自分が描いたストーリーに違和感や抜けている視点がないかを知りたいと伝える。特に可能性とリスクについては必ず確認。

5章

How

どう聞いて動くか

相談で得た情報を最大限に活かす
「聞き出し方」と「受け止め方」

タイミングを計り、誰に・何を相談するのかも考え抜いて、実際に相談の場では伝えたいことを3つのポイントで伝えることができた。従来の「相談」では、この段階ですでに相談は終わっている、と思う方が多いのではないでしょうか。あとは相手から情報を受け取るだけ、と。

しかし、相談を単なる情報収集では終わらせず、ネクストアクションにつなげることができるかどうかは、あなたの聞き方や受け止め方にかかっています。

というのも、相手から貴重な情報が提供されているのに、それに気づかなかったり、アドバイスを活かしきれない受け止め方をしたりするケースが多いからです。

本章では、相談の場で意見や情報を受け取るときに留意したいこととして、次の2点に分けて整理します。

1　情報の聞き出し方

2　情報の受け止め方

そして最後に、相談後の打ち手や姿勢の大事なポイントをいくつかお伝えします。

1　情報の聞き出し方

相談相手の意見や情報を、広げたり深めたりする聞き方をする

相談相手から意見や情報を伝えられたとき、それに対してどう問いかけるかで相談の広がりや深みが変わってきます。

その1つが「なぜ」「どうして」という問いかけです。

本書の冒頭で、飲食店を起業したときのことをお話ししました。当時、新鮮な野菜を仕入れたいと思っていた私は、その仕入れ先について相談した知り合いの飲食店店長から、こう教わりました。

「○○さんで野菜を仕入れているよ」

ここで終わると単なる情報収集で終わってしまいます。そのあと私はこう問いかけました。

「どうして○○さんを使っているのですか？」

なぜなら、その返答によっては、店長が野菜を仕入れている業者の特徴がわかったり、別の業者との違いが見えたりするからです。

実際、店長からは次のような返答がありました。

「週3回、配達してくれるから新鮮な野菜が仕入れられるんだよね」

「仕入れる量によっては直接農家さんから買う選択肢もあるよ」


一歩踏み込んだ「なぜ」という問いかけにより、漠然と新鮮な野菜を仕入れたいと思っていた私の前に、新しい選択肢が広がりました。鮮度を保つうえでは配達頻度が重要であるということがわかり、仕入れ先を探すときの基準の1つが明確になりました。また、農家さんから直接仕入れるという発想すらなかったので、新しい選択肢が得られました。

相談に費やせる時間にもよりますが、相談相手に「なぜ」「どうして」と問いかけてみると、自分では想像もしなかった視点が見えることもあり、その気づきがネクストアクションを見出すことにつながります。仮に「今」役に立つものではなかったとしても、その意見や情報は、間違いなく将来役立ちます。


また、見立てや仮説を豊富に持っているときは、次のような言葉を相手に投げかけます。

「たとえば、こういうことはできますか」

「たとえば、こういう可能性はありますか」

相談相手の意見や情報を聞いて「こういう可能性もあるのかな」「こんなことはどうな

んだろう」という考えが浮かんだら、「たとえば」という枕詞をつけて質問します。**「たとえば」を使うことにより、選択肢を1つに絞り切らないことがポイントです。**「他にも選択肢がある」という前提で一緒に議論するのが狙いです。

さまざまな見立てや仮説をぶつけることで相談相手の思考を刺激し、会話が広がることがあります。その結果として、多様な意見や情報を引き出せることもあるのです。

人によっては「これがいいと思うのですが、どう思いますか？」という選択肢を絞って相談する人もいます。自分のアイデアに自信があり、相談相手に同意をしてほしいとき、後押しをしてほしいときは、このような言い切り型の言葉が多くなる傾向があります。

しかし、私はそういう言い方をしません。たとえ計画段階にあるようなときでも、余白があり、固まっていない状態であることを相手に示します。

基本的に、自分はすべてをわかっていないという前提に立ち、そのうえで「これはどう思いますか？」「こんなこともアリですかね？」「こんなこともできると思いますか？」という言い方をするように意識しています。

自信をもって言い切られたり、同意を求める問いかけをされたりしてしまうと、その内容に対する受け答えしかできません。相手の思考や発想を硬直化させ、言いたいことがあっても遠慮させてしまう。自分の話の延長線上にしか話が広がらず、選択肢は狭く、浅くなってしまいます。見立て、仮説、計画のいかなる段階でも、常にまだ見えていないところがあります。いろいろな人の意見がほしいという姿勢で聞くと、相手のほうから話を広げてくれたり、深めてくれたりするため、持ち帰れる材料が増えるのです。

相談相手の意見や情報を、3パターンに分けて対応する

相談の場で対話が進んでいくと、相手から返ってくる意見や情報は次の3つのパターンに分類できます。

「まったく知らないこと」
「少ししか知らないけれど、知っていること」
「知っていること」

「まったく知らないこと」は、遠慮せずに聞いていいと思います。知らないといっても、自分の一般常識がないのか、経験が足りないだけなのか、さまざまなパターンがありますが、臆する必要はありません。知らないことを知るいい機会となります。

「少ししか知らないこと」も、素直に「そこは知っているのですが、ここは知らないので

教えてください」と言えばいいでしょう。一番もったいないのは「わかったふり」。深く知ることができるチャンスだと思って、ぜひ知らない部分を相手に伝えてください。

問題は、「知っていること」を返されたときです。

この場合は、自分がどこまで考えているのか、何を知っているのかを具体的に示すことが重要です。

「僕もそういうことを考えたことがあるんですけど、たとえば○○という点でちょっと難しいかなと思ってまだ行動していないんです」

「おっしゃる通りでその選択肢があることは知っています。ただ、実際にやってみたらこんなよくない結果になって……」

こんなふうに自分がこれまで考えてきたことや、行動してきた実態を伝えると、「あ、そうなんですね。ということは、○○ではなく△△という打ち手は試しましたか?」となり、話も選択肢も広がっていきます。**なぜなら、自分が提示した見立てや仮説が具体的であればあるほど、相手からはさらに広がりのある情報、深みのある情報が出てくるからです。**

逆に、「それは知っているので他に選択肢はないですか?」と言ってしまう人がいます。これは相手を萎縮させてしまい、本来引き出せたはずの情報が出てこない、という事態になりかねません。

まったく知らないこと。少ししか知らないけれど、知っていること。知っていること。3つのパターンについてお話ししてきました。それぞれに対応することが大切ですが、それでも、課題に対する有益な意見や情報を聞き出せないことがあるかもしれません。そういうときは切り替えて、別の課題を相談することをおすすめします。

事業やプロジェクトに取り組んでいると、課題が1つしかないということはありません。ある課題については有益な情報が得られなかったとしても、別の課題を相談する。仮に相談のテーマが3つあったとして、相談して3つのテーマすべてにネクストアクションが見つからなくてもいいのです。1つでも見つかれば、それは素晴らしい相談の機会になったと考えていいでしょう。

過度に相談相手に期待し、思うような答えが返ってこないとき、「この人から学べることはもうない」と諦めて、相談相手を次から次へと乗り換える人がいます。本書で推奨する相談は、相手との関係性を消費するようなものではなく、タイミングを計りながら関係性を育んでいくものです。

誘導尋問によって、相談相手の意見や情報を遮断しない

私のところに来る相談者に、こういうことを言う人がいます。

「こんなことをやってもダメですよね」

「こういうことをやろうと思っているのですが、難しいですよね」

まるで断られるために相談に来たかのような印象を受けてしまいます。相談の場で、こうした「ネガティブワード」を口にする人は意外と多いものです。ネガティブワードを耳にすると、力になろうと時間をつくった相談される側も、思わず力が抜けてしまいますよね。

見方を変えれば、この言い方や姿勢は相談相手を「誘導」しているようなもの。

本来、相談相手は「こうしたい」という相談者の目的、「このような検証をしてみたらこういう結果が出た」という相談者のアクション、「だからこうしたほうがいいのではないか」という相談者の見立てや仮説を聞きたいと思っています。それを踏まえたうえで自分なりの意見や情報を相談者に伝えて、ネクストアクションを踏み出すきっかけにしてほしいと思っているものです。

にもかかわらず、**相談者から「ダメだ」「できない」「難しい」というネガティブワードが飛び出したら、「この相談者は、事業やプロジェクトを前へ進めたくないのかな」「持っているアイデアを実行する前に止めてほしいのかな」と思ってしまいます。**

その印象が、相談相手の前向きな発想を奪い、本来引き出せた意見や情報を遮断してしまう可能性があるのです。

ネガティブワードを口にする人の背景には、こんな心理が潜んでいるのかもしれません。「自分としてはいいアイデアを考えたと思っている。一方で『単なる理想論で現実的ではない』『業界の常識をわかってない』などと思われたくない。そこで『ダメですよね』『難しいですよね』というネガティブワードで予防線を張ったうえで、多様な観点で考えられる人だと評価されたい」

人は自分のやっていること、やろうとしていることに自信がないとき、予防線を張って自分を守ろうとするものです。

理解が浅いから確信が持てず、自信より不安のほうが勝ってしまう。その考えや行動が認められなかったときに傷つくことを恐れる。その結果、もらえたかもしれない素晴らしいヒントを聞けないのだとしたら本末転倒ですよね。**予防線を張りたい気持ちはぐっと抑えて、ネガティブワードは使わず、相手から出てくる意見に耳を傾けることで、自分一人ではたどりつけなかったネクストアクションにつながっていきます。**

ネガティブワードで思考を停止しない

ネガティブワードで予防線を張るということは、自分で考えることの限界を感じて思考が止まっている状態とも言えます。相談の場では、相談者と相談相手が対話することで、何らかの化学反応が起こります。せっかく相談にこぎつけても、自分で考えることをしようとしていなければ、聞けることも聞けません。

そういう状態の人は、自ら検証や行動をしていないケースがほとんどです。


「難しいと言う前に、本当に難しいか検証はしましたか？」

そう聞くと、たいていはこう返ってきます。

「いえ、そのアイデアはあったのですが、まだ検証はしていません」

「なぜですか？」

「リスクがありますし、そのようなものに関係者を巻き込むわけにはいきませんから」

「検証するための努力や工夫はしましたか？」

「いろいろハードルが高くて……」

「困難が伴うことはわかります。でも、たとえそれが難しいと思えるアイデアだったとしても、ここで口にするということは、活路を開きたいと思っているのではないでしょうか？　だとしたら、検証できる方法を模索しませんか？」

「いや、そうなんですけど……難しいんですよ」

相談する側がいくら何とかしなければならないと思っていても、**実際に行動が伴っていなければ、相談相手は本気度を感じられないので、応援したい気持ちも失せてしまう。**そうなると、新たな意見や情報を相談相手から引き出すことはできず、ネクストアクションも見えないまま終わってしまいます。

相談は、事業やプロジェクトを前へ進めるための場です。前へ進めるためのヒント、きっかけとなる意見や情報を探しに行く機会とも言えます。

「自分たちはこういうことを考えています。それにはリスクや課題があることはわかっています。それを突破しようと試みましたが、突破できずに困っています。ついては、その点について相談させていただけませんか」

困難があっても、思考や行動を止めず、相談の土俵に乗せる。そうしなければ、活路は開けないのです。

2 情報の受け取り方

相談で得た情報や意見は必ず素直に検証する

事業開発を専門とするAさんと、相談について語り合ったことがあります。Aさんは、ベンチャーの立ち上げや成長を支援するコンサルティング会社を経営しています。Aさんと意見が合致したのは、相談時に得た情報や意見に対する受け取り方についてです。

「言われたことは必ず素直にやってみる」

素直にやってみるとはどういうことかというと、まさに「検証すること」。どんなに小さなことでも、言われたことは必ず検証する。二人とも検証が思い込みを外すために有効であると知っているので、Aさんとの会話では「あれやってみた？　これやってみた？」という内容が頻繁に出てきます。行動すればするほど、うまくいってもいかなくてもリアリティある話のネタができるので、お互い検証したことをシェアし合って楽しんでいます。

Aさんは、相談で得た情報や意見が「それは本当かな？」と疑いを持つようなもの、腑に落ちないものも必ず検証するといいます。

疑いや腑に落ちないというのも実は思い込みであることが多く、検証するまでもないと思えるものでも、小さなネクストアクションを見つけて検証するといいます。やってみると「やっぱりうまくいかない」となるケースが大半かもしれません。でも、何回かに1回は「うまくいかないと思っていたけれど、やってみたらうまくいった」というものが出てきます。こうして得られた情報は、行き詰まりを打破する大きなヒントになります。

そこまでつぶさに検証できないと思う人もいるでしょう。実は、私もそうです。数多くのタスクがあるなかで、私の場合はネクストアクションに優先順位をつけます。もちろん、相談で得た意見や情報を何もしないで切り捨てるようなことはしません。ただ、優先順位が高いアクションを検証し、うまくいかなかった場合にはじめて、腑に落ちない情報や意見を検証し始めます。

Aさんのように猛烈なスピードで検証を回せる人はごくわずかで、私のようなタイプは受け取った意見や情報をすべて検証するのはなかなか難しい。だから、まずは自分のなかで優先順位を高くつけたものから検証しています。

経験上、それでうまくいくケースが多いのですが、うまくいかない場合はもちろん優先順位の低い意見や情報を見直します。そして、思い込みがあったことに向き合っていくのです。

相手の話を鵜呑みにせず、検証して自分ごと化する

前項と真逆のことを言っているように聞こえるかもしれませんが、**「素直に検証する」ということと同時に心がけるべきなのが、「鵜呑みにしない」ということ。**

相談相手からさまざまな素晴らしいインプットをもらっても、自分の事業の状態やプロ

ジェクトの進捗状況によって、インプットの「自分にとっての価値」は日々刻々と動いています。インプットをそのままの状態で取り入れても、それが自分が進めている事業やプロジェクトに100%当てはまるとは限りません。それを表現するものとして、次のような言葉を聞いたことがあります。

「すべての言葉には一理あるが、あくまでも一理でしかない」

つまり、大筋では当てはまったとしても、個別のケースでは必ず違う点がある。環境も状況も違えば、思考もマインドも違う。使える時間もチーム編成もリソースもすべて違うので、それを検証していかなければならないのです。

「自分の立場や環境に置き換えるとどうか?」

常にこの思考を意識し、実際に検証するのが、本当の意味での「自分ごと化」です。

その問いかけがあることで、新たな気づきが生まれます。気づきを得ることで、自分が直面している課題に対するネクストアクションへとつながっていくのです。

問題は、相手の意見やアドバイスを鵜呑みにすることで、自分の中で咀嚼するプロセスが省略されてしまうこと。そうなると、自分の言葉になりません。つまり、自分ごと化できなくなってしまうのです。

つまり、相手の言うことを鵜呑みにしないということは、相手の言うことを素直に検証するということと同じ意味となります。

大切なのは、相談相手に「正解」を教えてもらおうとする姿勢を持たないこと。

正解を教えてもらおうとするから、鵜呑みにしてしまう。あくまでも、相談は相談者の思い込みを外し、選択肢を広げるための有効な手段です。**課題を解決する主体者は、相談相手ではなく自分であることを忘れてはいけません。**

相手の意見を思い込みで結論づけない

「この商品はｅコマースに向いていないので、違った販路を見つけたいと思っています。山中さん、何か別の販路はありませんか？」

最近、私が受けた相談です。私にもｅコマースの経験があります。どんなことをしてきたか教えてくれたら、力になれるかもしれない、そう思って質問しました。

「私にも経験があるので、ｅコマースの打ち手を含めて、いろいろと戦略を立てられると思います。まずは状況を聞かせてくれませんか」

ところが……。

「いや、山中さん、eコマースもいいんですけど、他にないですかね？　ぼくもかなり施策を打ったんですよ。もうかれこれ1年半ぐらい経つのに、まったく結果が出ない。やっぱりこの商品は、eコマースに向いていないんですよ」

この方は、「自分のやり方でやったけれど、うまくいかなかったからeコマースはダメ」と決めつけていました。

「では、こういうやり方は試しましたか？」

私がeコマースについて掘り下げる質問をすると、彼はその質問を嫌がりました。なぜなら、彼はeコマースがダメだと決めつけ、別の手段を求めて相談にやって来たからです。

もちろん彼は、さまざまな試行錯誤を繰り返しながら、1年半ものあいだ結果を出そうと努力してきたのだと思います。それでも思うような結果にならなかったことで、何をやってもeコマースはダメだと「自信を持って」決めつけているのです。

相談相手が多様な選択肢を持っていれば、立ち止まってしまった相談者の事業やプロジェクトが前へ進む可能性は高まります。

しかし、相談するときに自分自身の中に思い込みや決めつけがあることを意識していないと、新たな情報や選択肢を見出す機会を失ってしまいます。**選択肢が狭まるということは、**

可能性が狭まるということ。自分の新たなチャレンジが前へ進められないだけでなく、思わぬヒントから行き詰まりを打破するチャンスさえ逃してしまうかもしれません。

「この人のこの意見は使えるけれど、この意見は使えない」

「この相談相手からは、この情報さえ聞ければいい」

「この方法でうまくいかなかったから、この分野はダメ。新しい方法だけ聞きたい」

こうした思い込みや決めつけがあると、相談の場に「余白」が生まれません。余白がなければ、決めつけた範囲のことしか話を聞こうとしません。仮に話を聞いたとしても、その話を聞いたそばから排除し、自分にとって有益なヒントを見逃してしまいます。

ビジネスは一人でできるものではありません。自分一人で考え、行動できる範囲は限られています。それを拡張するためには、自分にはない他者の経験や見識が必要です。

ところが、思い込みや決めつけがある人は、その部分を他者に頼ろうとしません。特に自身が行動してうまくいかなかった事例に関しては、相談相手と一緒に掘り下げても課題は解決できないと「思い込んで」いるケースが多いです。

行き詰まった物事を前へ進めるためのヒントは、思い込みを外して初めて得られるということを忘れてはなりません。

よくわからない情報は「寝かせる」

「もしかしたら違うかもしれないけれど、とりあえず検証してみよう」
「実際にやるかどうかはわからないけれど、検証したうえで考えよう」

相談で得た情報はいつ効果を発揮するかわからないことも多いもの。だからこそ、もらった意見やアイデアはその場で切り捨てずに自分の頭の引き出しの中に留保する。そして、検証していく過程で、その時点で自分に必要かどうかの取捨選択をしていくことが求められます。

その前提となるのは、「自分には知らないことがある」という姿勢です。「わかったつもりにならない」と言い換えることもできるでしょう。

すべてをわかった気でいると、相談相手が意見や情報を口にした瞬間、これは違う、自分には合わないと即断してしまいます。現時点では違うと思っても、検証したら違う見方ができるかもしれない。そうした姿勢があれば、その時点で切り捨てようとする意識にブレーキをかけることができます。

親しくしている人から、「事業計画はどうやってつくればいいですか？」という相談を受けたことがあります。その人はボードメンバーに入るのが初めてだったため、事業計画をつくったことがありませんでした。私はその人にこうお伝えしました。

「事業計画は育てていくものですよ」

こう私が伝えた時点では、その人は事業計画とは一度つくったら計画通りに進めるものだと思っていて、「育てる」という私の言葉の意味を理解できなかったそうです。

しかし、理解できないからといって切り捨てることなく、私に言われた「事業計画を育てる」という指摘を頭の中で寝かせていました。その後、管理会計と財務会計の違い、科目や仕訳の仕方などの事業計画の基本が、自ら事業を進める過程で少しずつ腹落ちしていったそうです。そしてようやく、事業計画は育てるということが腑に落ちたといいます。そこまで要した期間は、およそ1年でした。

事業計画を育てるという発想は、最初はよくわかっていなかった。それでも、「今はわからないけれど、自分にはまだ見えていない何か大切な意味があるに違いない」と、彼は私の意見を切り捨てませんでした。その結果、彼は1年かけて気づきを得ることができたのです。

特に専門家に相談するときほど、難度の高い意見や体験したことのない情報が出てくる可能性があります。そのときは、何事も自分には知らないことがあるという前提に立ち、まずは言われたことを留保して受け止め、知らないところを知る努力をし、検証し、そこではじめて自分にとって必要かどうかを判断することを強く勧めます。

私はこの留保することを「寝かせる」と表現しています。
あるいは「今はタイミングではない」という言い方もします。

意見も、情報も、人のつながりも、相談した瞬間はわからなくても、長い目で見るとどこかで活きることがある。そんなつもりで、ぜひ「寝かせる」ようにしてみてください。

専門的すぎてわからないときは、何を補えばいいかがわかるチャンスと捉える

私は医療系ベンチャー企業の社外取締役を務めています。私にとってはじめて携わる業界で、いわゆる「畑違い」の仕事です。それでも、さまざまな人に相談しながら事業展開を行っています。

自分の専門分野以外のことは、相談相手に言われたこと、聞かれたことがその場ではよく理解できないことがあります。どのように答えればいいかもわからず、ディスカッションを重ねるほどわからないことが増えていきます。

このとき、**最も避けるべき姿勢は「知ったかぶり」です。**わからないことは「わからない」と伝え、その場で聞いても持ち帰って調べてもいいと思います。恥じる必要はありません。むしろ、このプロセスが重要なのです。

なぜなら、**自分が専門領域外の事業やプロジェクトに取り組むときに、どのような情報が不足しているかがわかるからです。**また、専門性が高い人に相談するときに、何を準備すればいいかがわかるようになります。そして、さまざまな手段を使って答えられるようにしていくと、情報の厚みがどんどん増していくのです。

学んだことをベースにして話を深めることができれば、次の機会には自分の言葉で話すことができます。

相談を「一発勝負」と考えると、その場を完璧にしようとする意識が働きます。専門と非専門の壁に対し、臆してしまうこともあるでしょう。

しかし、わからないことがあれば、それを「わからない」と伝えていいのです。そこで解説してくれる人もいれば、してくれなければ持ち帰って「相談のための相談ができる人」に相談すればクリアできます。それでも理解できなければ、次の相談の機会に直接聞いてもかまいません。それを嫌がる人、バカにする人であれば、固執せずに相談相手を変えればいいのです。

私が金融、メディア、政府などさまざまな業界で、「畑違い」の状態から入っても事業開発に携わることができるのは、このようなスタンスで相談に臨んでいるからです。

つまり、最初はまったくの無知。そこからどういう状況なのか、どうやって進めていくのかを把握し、相談を重ねるごとに知識を積み、それでも解決できないことがあったら経験や見識がある人に相談に行く。そうすることで、私はいつも課題を乗り越えてきました。こうした「専門の壁」を恐れる必要はありません。

はじめに「知ったかぶり」をしてしまうと、ボロが出るのを恐れてしまいます。はじめから「わからない」と伝えれば、相手も理解を示すはずです。むしろ、知らないと伝えたほうが親身に相談に乗ってくれる人もいます。

知ったかぶりをするより、わからないと正直に伝えるほうが、物事を前へ進めるうえでの近道になる可能性が高いのです。

5章のまとめ

- 相談の場をネクストアクションに活かせるかどうかは、「情報の聞き出し方」と「情報の受け止め方」の2点にかかっている。

- 「なぜ」「どうして」「たとえば」などの言葉を投げかけることで、相手の意見を深めたり広げたりした聞き方が可能になる。

- 情報をしっかり引き出すには、「まったく知らないこと」「少ししか知らないけれど、知っていること」「知っていること」の3パターンに分けて対応すると効果的。

- 相談で得た情報は、「素直に検証する」と「鵜呑みにしない」を両立するような形で受け止めるとよい。

- よくわからない情報だとしても、不要と決めつけずに「寝かせる」といずれ役に立つ。

終章

相談を成功に導く3つの習慣

相談はあくまで手段。

目的は物事を前へ進めること。

本書では、いつ、誰に、何を伝え、どう聞いて動くか、という視点で相談の方法論を整理してきました。

ですが、実際のところ、相談は百発百中ではありません。

「見立てや仮説を持って相談したのに、ネクストアクションが見えてこない……」

こんなふうに、実践してもうまく事が運ばず、悩む場面に遭遇することもあるでしょう。

そこで本書を締めくくる章として、相談を成功に導くための心構え、言い換えれば習慣として身につけてほしい考え方を、3つご紹介します。

習慣① ネクストアクションが決まらないときは「1つ手前に戻る」

私自身、これまで多くの相談を受けてきました。そのなかで、選択肢がありすぎて、自分たちがやるべきネクストアクションを決められずに悩んでいる人たちが少なくないと感じます。

そんなときに意識してほしいのが、**「1つ手前のプロセスに戻る」**ということです。

ただでさえ時間がないのに1つ手前のプロセスに戻るのは面倒で厄介で手間のかかる作業だと思われるかもしれません。相談は物事を前へ進めるためのものなのに、一歩後退しろと言われても、簡単には納得できない方もいるでしょう。それでも、一歩立ち戻ることを選択肢のなかに入れておいてほしいのです。

「1つ手前のプロセスに戻る」と言っても、何をどう戻るのか。その際に指針となるのも、5つの要素です。

4章で「目的」の重要性を述べた際にも少し説明しましたが、実は「目的」「顧客」

[図18] ネクストアクションが決まらないときには「1つ手前に戻る」

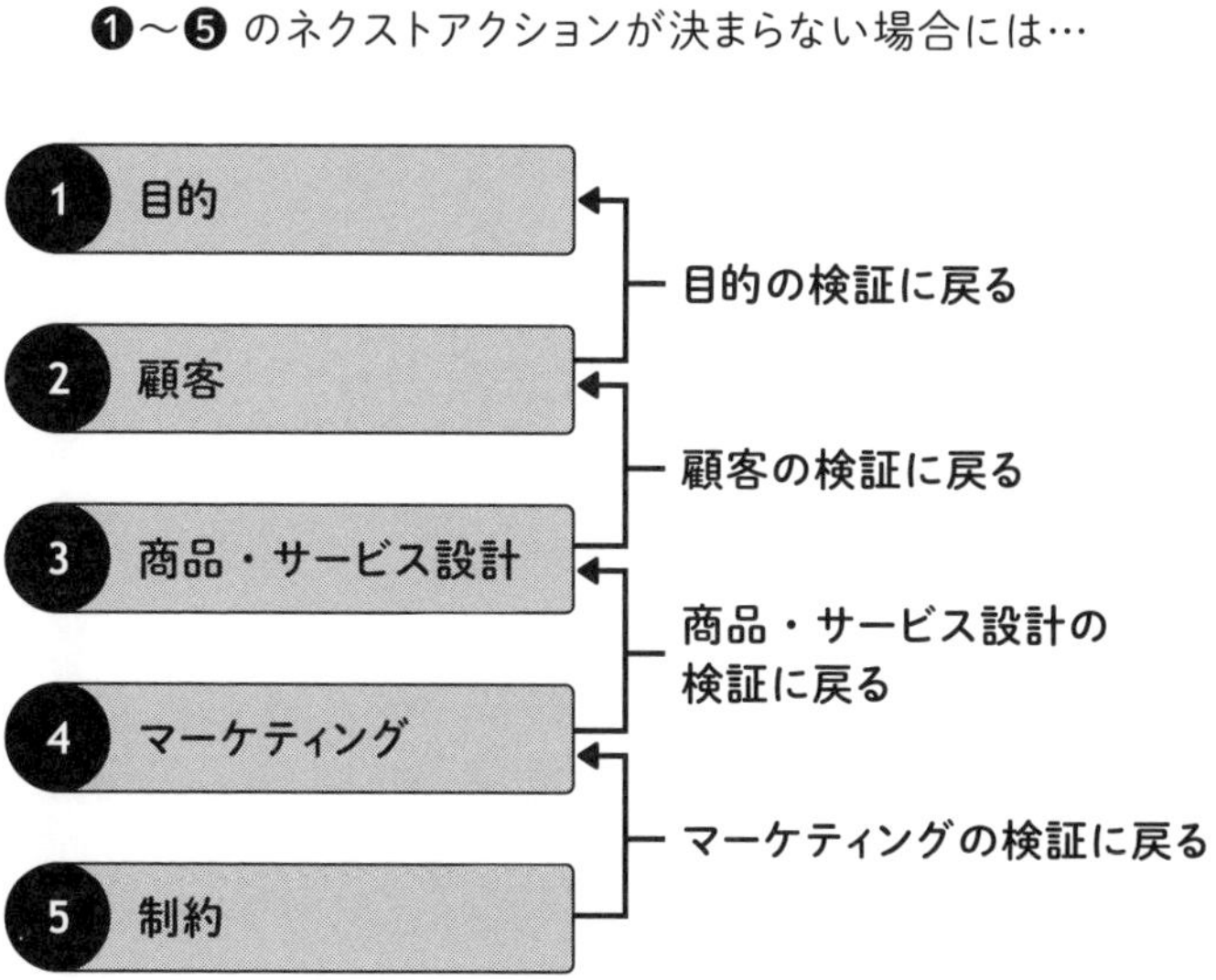

「商品・サービス設計」「マーケティング」「制約」の5つの要素はこの順番で考えると物事が前へ進みやすくなります。つまり、1つ手前のプロセスに戻るというのは、この順番を1つ戻るということです。

たとえば、「顧客」に対するネクストアクションが見えないときは「目的」に戻って何が目的かをもう一度考え、検証する。「商品・サービス設計」が決まらないときはどんな「顧客」を想定しているのかを考え、検証し直すというイメージです。ネクストアクションが決まらないときは、1つ手前のプロセスが明確ではないケースが多いのです。

相談相手から意見や情報を示されても、ネクストアクションが決まらない場合は、**その場で無理に意思決定をしようと考えず、なぜ決められないかを深く考えることをおすすめします。**その1つの方法として、5つの要素の中で1つ手前の要素が決まっていないからではないか、と問いかける習慣を持つことは、とても有効です。**シンプルな習慣ではありますが、きっと行き詰まりを打破する糸口になるはずです。**

習慣② 自然体で臨むことが、偶然の導きを生む

思い込みが強く、自分の思い通りにしようと考えていると、相談しても客観的な意見や情報を遮断してしまいます。

その姿勢は、思いもよらないこと、考えてもみなかったことなど、偶然によって手に入れられるものを遠ざけてしまいます。**自然体で相談に臨めば、偶然性は起こりやすい。これは、これまでの私の相談の体験から言えることです。**

若いころの私は、自然体を意識することができませんでした。そのため、意見や情報や人との偶然の出会いは、ほとんどなかったと記憶しています。

しかし、相談を重ねていくにつれ、相談に臨む自らの姿勢によって偶然の出会いが起こることに気づきました。むしろ、相談に臨む姿勢を変えなければ、偶然の出会いによるさまざまなチャンスが訪れないことに気づいたのです。それからは、自然体で臨むことを意識し、その習慣を身体に染み込ませるよう努力しました。

現在では、意識しなくても自然体で相談に臨めるようになっています。偶然の出会いはより広がりを見せ、そこからつながるご縁が一気に広がったように思います。

では、なぜ自然体になると偶然が起こるのでしょうか。

自然体で相談に臨めば、相談相手の意見や情報を遮断することがなくなり、真意や本質を掘り下げようとする意識が芽生えるからです。相手の話に乗ることで、自分の発想が刺激されます。それによって、新しい考えやネクストアクションが生まれる可能性が高まるのです。

ところが、思い込みや決めつけがあると自分が意図しない情報を遮断してしまうため、「新しい何か」が生まれる機会を失ってしまいます。「余白」がない、と言い換えてもいいでしょう。

偶然が起こる機会は、自然体で相手の話を受け入れる姿勢から生まれるものなのです。

懇意にしているビジネススクールの教授が、私を「偶然性を味方にする人」と評してくださったことがあります。それほど、私は普段から偶然性を楽しんでいます。

なぜなら、自分の見えなかった視点からものが見えるようになるからです。あるいは、知らなかったことを知る機会になるからです。それによって、思ってもみなかった考えが浮かんでくるのが純粋に楽しいのです。

視野が広がり、視点が増えることで、解像度が上がる。自分にはない思考パターンを知ったとき、自分の可能性が広がる。**こうした偶然性が生み出す体験ができることは、楽**

しさ以外の何物でもないと思っています。

しかし、思い込みや決めつけで思考が硬直している人は、偶然性に蓋をしてしまいます。たとえば、こんなふうに。「あれ？ 思っていたのと違う。そんなことあるはずがない。ダメだ」

相談というものは、異なる体験や異なる思考パターンを持つ人と対話することです。むしろ、自分が想定していなかった意見や情報が出てくるのが普通です。そこで生まれる偶然に蓋をするのは、あまりにももったいない。**ぜひ、相談の場で生まれる偶然性を楽しみ、思いもよらない「新しい何か」が生まれる瞬間を楽しんでください。**

習慣③ 相談には「成功」も「失敗」もない

相談したあと、その内容から「失敗した」「成功した」とすぐに判断する——。そうしたくなる気持ちはわかります。おそらく、ネクストアクションにつながる「正解」がもらえたことが成功で、もらえなければ失敗と考えているのでしょう。

しかし、相談に失敗も成功もありません。

相談を成功と失敗に分けてしまう背景には、相談の成果を「短期的」に捉える傾向があります。短期的な「成果」が出たら成功、出なければ失敗と思ってしまうのです。

一方、**私は相談を「中長期」のスパンで見ています。**

「あのとき、○○さんに相談したからこそ知識や経験の蓄積ができ、今の自分はこういう事業やプロジェクトにも対応できている」

「別のテーマでお願いした相談を1年ぶりに思い出したが、あのときにいただいた意見や情報はとても重要な示唆を含んでいるから、今回のテーマでも検証してみよう」

忘れたころに、本当にそんなことが起こります。

もちろん、目の前の課題に対するネクストアクションが見える相談になることが一番の目的です。そのための準備や努力を惜しんではいけません。ただ、相談は常に副産物を生み出し続けていることにも目を向けてほしいのです。

ちなみに、**副産物のうち、最も重要なのが「気づき」を得られることです。**

相談相手から得た気づきが、思いもよらないタイミングで役に立つこともあれば、気づきがその人の能力や人間としての幅を広げることにもつながります。

さらに、気づきに基づいた思考や行動が人とのつながりを生み、新たな事業やプロジェクトを一緒にやりたいという人が現れるかもしれません。短期的な成果だけで失敗としてしまうのはもったいないと思っています。

相談には成功も失敗もない。こう言うと、必ずこんな言葉が寄せられます。

「その話はよくわかりました。でも、事業やプロジェクトは中長期的なものばかりではありません。短期的に成果を出さないといけないのに、相談によって事業を前へ進めることができませんでした。それを失敗とは言わないのですか？」

たとえば、物事を前へ進められなかった要因として、準備不足でうまく説明できなかったことが挙げられたとします。それが原因で、相談相手から事業やプロジェクトを前へ進めるための意見や情報を引き出せなかったとしましょう。

果たして、それを失敗と捉えるべきなのでしょうか。

私はそう考えません。むしろ「もっと相手に伝わるようにするには、どういう情報を話せばいいのだろうか」と考え、整理します。質問に答えられなかったからうまくいかなかったのだとすれば、「あの質問をされたら次は答えられるようにしよう」と準備します。

これは失敗でしょうか。相談で気づきをもらったことにはならないでしょうか。

説明したけれど理解してもらえなかった。その原因は、相談相手に渡した資料が文字ばかりだったからかもしれません。資料を渡さず、口頭で長々と説明しただけだったからかもしれません。その気づきによって、相談の準備ですらアップデートできるのです。

これも失敗ではなく、ネクストアクションが見出せたと考えられないでしょうか。相談の最後にうまくいかなかったと思えば、その場で相談相手にこう伝えればいいのです。

「すみません、今回は準備不足だったので、もう一度ご相談する時間をいただいてもよろしいでしょうか」

そこで了承を得られれば、次の機会につながります。

さらに言えば、どの部分をクリアにすればいいのか、どの部分に厚みをもたせればいいのか、相談相手に直接聞くこともできると思います。

相談する機会が一度しかないと思い込んでいると、成功か失敗かという二者択一の発想しか浮かんできません。反対に、何度でも相談できるという発想に立てば、相談で得た気づきを次の相談や別の相談相手に活かせばいいという考えが生まれるはずです。

相談は、ネクストアクションを見つけるためのものです。その相談がうまくいかなかったからといって失敗と断ぜず、ネクストアクションが見えていれば前へ進んだと考えていいのです。

その繰り返しで解像度が高まり、さらなるネクストアクションが見える。この積み重ねが事業やプロジェクトを前へ進める原動力になるのです。相談を短期と中長期の両方で考え、成功も失敗もないと受け止める。これも私が大切にしている習慣の1つです。

私は今でも、新しい事業やプロジェクトに関わるときは相談から始めます。相談から入らないと、なかなか解像度を上げることができないからです。

相談を20年にわたって続けてこられたのは、わからないことをわからないと言い、臆せずに聞き、うまくできなければ「ごめんなさい。今日はうまくできなかったのでもう１回お時間をください」と言えたからだと思います。

「わかりません」

「またお時間をいただいてよろしいですか？」

この２つのキーワードを相談の場で使えるようになってから、気が楽になりました。そのうえで、その日のうちにメールやメッセンジャーなどで投げかけます。

「今日はありがとうございました。今日の宿題は次の機会までにやってくるので、またお時間をいただければ幸いです」

相談は、一発勝負ではありません。成功も失敗もない。相談を重ね、前へ進み続けることが、行き詰まった現状を打破することにつながっていくのです。

おわりに――人生を変える「相談の力」

相談を極める道のりは、「自らの可能性を最大限に引き出すための旅」でもある。

「はじめに」で、そう述べたのを覚えているでしょうか。


私自身、今もこの「旅」の途上にあります。


私の「旅」の始まりは、大学への進学もできず、地元の兵庫県加古川市で希望の仕事にも就けなくて思い悩んでいたときです。友人に相談すると、こんな一言をもらいました。

「だったら自分で稼いだらいいじゃん」

友人は何気ない気持ちで言ったのかもしれません。でも、私にとっては衝撃的な一言でした。地元の会社で働くしか選択肢がないと思い込んでいた私に「起業する」という選択肢が初めて生まれたわけですから。そこから本書でお伝えした居酒屋経営につながります。

その後、いつも自分の限界を超えた大きな役割を担い、成果を出すことで進んできたわけですが、もちろん一人でできたものは1つもありません。すべて最初は未経験からのスタート。その時々で相談の力を使ってきたからこそ、道が開けてきたのです。そして、さまざまな人に相談するなかでヨコの関係性になる応援者が少しずつ増えていきました。

吉本興業元会長の大崎洋さんと出会ったのも、そんな関係性から。同じ地方創生を手がけているというご縁でつながって以来、相談し合える関係になっていきました。

そして2023年春。私は、その大崎さんのご縁もあり、大阪・関西万博の事業化支援プロジェクトサブリーダーとして関わる機会に恵まれました。今まで同様、これまで経験したことのないプロジェクトですが、相談の力を最大限に活かしながら、多くの人と一緒に物事を前へ進めています。

振り返ると、相談を続けることで、できることが増え、新たな挑戦へのハードルが下がったと感じます。なぜなら、相談によって、一人ではできないような経験値が得られただけでなく、さまざまな分野にいる人とつながったことで、新たな挑戦に対して安心して一歩目を踏み出せるからです。

私は選択肢とは可能性だと思っています。できることが増えるということは、可能性が増えるということ。「相談」はその可能性を広げる大きな力を持っていると今は確信をもって言えます。

なぜ相談するのか。
いつ相談するのか。
誰に相談するのか。
何を伝えるのか。
どう聞いて動くのか。

本書でお伝えしてきたことが、みなさんにとって、新たな挑戦の力になり、ご自身の可能性を開いていく一助になれば、とてもうれしいです。
そしていつの日か、みなさんの周りに共感し合える仲間があふれる未来が訪れることを祈っています。

最後に、本書の成り立ちについて、感謝とともに伝えさせてください。

なぜなら、本書もまた、私一人の力ではこの世に生まれ出ることはなかったからです。

私は、共感してくれる仲間は一緒に思い出をつくる同志だと思っています。どれだけ大変なことでも、振り返ったらお互い楽しく笑い合える関係性。一緒に過ごす時間、悩んだり考えたりしながら世の中に役立つものを生み出す共通体験は何にも代え難い財産です。

「相談する力」に気づかせてくれた海士の風・プロデューサーである長島威年さんとは3年前の雑談から始まり、何をテーマにするかをずっと磨いてきました。そして、英治出版・プロデューサーの山下智也さん、廣畑達也さん、桑江リリーさん、そしてライターの新田匡央さんが、私が無意識に実践していた相談の力を粘り強く言語化する伴走をしてくれなければ、この本が世の中に出ることはありませんでした。

また、相談について書くなかで、いかに自分が相談仲間に恵まれているかを再認識しました。本書に登場する粟田貴也さん、大﨑洋さん、塗矢眞介さん、大久保伸隆さんはもちろん、ここでは書ききれない数多くの同志がいたことで、アイデアを事業やプロジェクトとして成り立たせることができました。未経験だからやらないのではなく、未経験でもやりたいことが見つかったときに、無謀とも思える挑戦を後押ししてくれたのは間違いなく共感し合える同志でした。

これからも、新しい出会いは広がり続けると思いますが、共感し合える同志と一緒に新しい思い出をつくっていけたらうれしいです。

２０２４年１月　山中哲男

山中 哲男

やまなか・てつお

1982年兵庫県生まれ。事業開発、事業戦略立案を専門としている。

新規事業開発支援、既存事業の戦略立案をハンズオンで支援するトイトマを創業し、代表取締役に就任。同時期、米国ハワイ州にて日本企業に対し、海外進出支援、店舗M&A仲介にも従事し、丸亀製麺の海外1号店などを支援。

地域開発の新たなファイナンススキームを構築し展開するため、NECキャピタルソリューションと共にクラフィットを創業し代表取締役に就任。以下、社外取締役も務める。

- 2023年度の内閣府主催オープンイノベーション大賞を受賞したヒューマンライフコード
- 働き方の多様性の実現や地域とのタッチポイントをつくる仕掛けをするダイブ
- バッドロケーション戦略によるレストランやホテルの運営・地方創再生を軸とした不動産開発を行うバルニバービ
- 個人参加型のエネルギー社会の実現を目指すフィット
- まぼろし商店・絶メシ食堂・烏森百薬などを運営しているミナデイン

他に、経済産業省特許庁I-OPEN有識者委員、国土交通省公的不動産活用アドバイザー、大阪・関西万博2025での様々な取り組みをレガシーとして残すため、経産省、内閣官房、博覧会協会と連携して発足した事業化支援プロジェクトチームのサブリーダーを務める。

相談する力

一人の限界を超えるビジネススキル

発行日　2024年1月25日　第1版　第1刷
　　　　2024年3月10日　第1版　第2刷

著者　山中哲男（やまなか・てつお）

発行人　阿部裕志
発行　海士の風（株式会社 風と土と）
〒684-0403　島根県隠岐郡海士町大字海士 1700-2
電話 /FAX 08514-2-1966
https://amanokaze.jp/

発売　英治出版株式会社
〒150-0022 東京都渋谷区恵比寿南 1-9-12
ピトレスクビル 4F
電話 03-5773-0193 ／ FAX 03-5773-0194
www.eijipress.co.jp

プロデューサー　長島威年
スタッフ　岡本夕紀、萩原亜沙美、三重野優希、吉村史子
アドバイザリーチーム　岩佐文夫、原田英治
執筆協力　新田匡央
編集協力　山下智也、廣畑達也、桑江リリー（英治出版）
校正　株式会社聚珍社
装丁　竹内雄二
印刷・製本　中央精版印刷株式会社

海士の風

ISBN978-4-909934-04-8　C0034　Printed in Japan